MERIAN *live!*

London

Heidede und **Sünje Carstensen**
leben seit 39 Jahren in London und
berichten (seit 2002 gemeinsam)
aus ihrem eigenen Pressebüro, wobei London immer Hauptthema ist.

 Familientipps

 Diese Unterkünfte haben
behindertengerechte Zimmer

Preise für ein Doppelzimmer ohne Frühstück:

€€€€ ab 200 £ €€ ab 90 £
€€€ ab 150 £ € bis 90 £

Preise für ein dreigängiges Menü ohne Getränke:

€€€€ ab 55 £ €€ ab 30 £
€€€ ab 40 £ € bis 30 £

Inhalt

Willkommen in London 4

10 MERIAN-**TopTen**
Höhepunkte, die Sie sich nicht entgehen lassen sollten 6

10 MERIAN-**Tipps**
Tipps, die Ihnen die unbekannten Seiten der Stadt zeigen 8

Zu Gast in London 10

Übernachten	12
Essen und Trinken	20
grüner reisen	32
Einkaufen	36
Im Fokus – London und die Mode	46
Am Abend	48
Feste und Events	56
Familientipps	60

◄ 135 m hoch schweben die Gondeln
des Riesenrads »London Eye« (► S. 81).

Unterwegs in London 64

Sehenswertes 66
Von Admiralty Arch und Buckingham Palace über St. Paul's Cathedral
bis Zoological Gardens
Museen und Galerien 96
Von Alexander Fleming Laboratory Museum über British Museum
und Tate Modern bis Whitechapel Art Gallery

Spaziergänge und Ausflüge 106

Spaziergänge
Durch das Regierungsviertel 108
Schmelztiegel mit Geschichte 112
Auf den Spuren der Queen 114
Geheime Ecken entdecken 116
Ausflüge
Universitätsstadt Oxford 118
Windsor und Windsor Castle 120

Wissenswertes über London 122

Auf einen Blick 124		Kartenlegende 139	
Geschichte 126		Kartenatlas 140	
Sprachführer Englisch 128		Kartenregister 152	
Kulinarisches Lexikon 130		Orts- und Sachregister 156	
Reisepraktisches von A–Z ... 132		Impressum 160	

✳ Karten und Pläne

London Innenstadt .... Klappe vorne
London Underground .... Klappe hinten
Tower of London 93
Das Regierungsviertel 109

London und Umgebung 121
Kartenatlas 140–151
Die Koordinaten im Text verweisen auf
die Karten, z. B. ► S. 140, B 3.

Extra-Karte zum Herausnehmen .... Klappe hinten

Willkommen in London
Tauchen Sie ein in die jahrhundertealte Geschichte der Stadt und lernen Sie die vielen Facetten ihrer Bezirke kennen.

»Möchten Sie noch die Weinkarte sehen, Sir?«, fragte der Kellner im schicken indischen Restaurant meinen Teenager-Sohn, der gerade aus Schleswig-Holstein in London angekommen war. Eine ungewöhnliche Frage für einen Untersekundaner! Und der gestikulierte auch prompt etwas hilflos: »Meint der mich?« Tat er! Das ungewohnte »Sir« kam noch einige Male vor an diesem Abend in der King's Road, an dem aus einem norddeutschen Oberschüler ein junger Mann geworden war.

Gegensätzliche Welten sind für London nichts Ungewöhnliches. Denn in dieser kosmopolitischen Weltstadt, die der Komponist Felix Mendelssohn Bartholdy 1829 mal als »Ungeheuer« bezeichnete, leben fast 8 Millionen Menschen unterschiedlicher Herkunft, Hautfarbe und Religion zusammen. Sie formen diesen Koloss, der irgendwie »addictive« macht: süchtig! Aber womit?

Faszination Geschichte

Was an London immer wieder fasziniert, ist die spürbare Nähe der Vergangenheit und der Geschichte. Sei es der Tower of London, wo unter den Tudor-Monarchen eingekerkert, gefoltert und geköpft wurde, oder der Trafalgar Square, der großen See-Siegen als Denkmal dient. Oder die vielen Bauten wie Canada House,

◄ Auch nach rund 60 Jahren Regentschaft ist die Begeisterung der Fans für die Queen ungebrochen.

South Africa House oder Bank of Nigeria, die daran erinnern, dass von London aus einst ein Empire, ein Weltreich, regiert wurde.

Eigenheit der Stadtbezirke

Die vielen Facetten dieser einmaligen Stadt werden auch von den 32 »boroughs« gebildet, den Bezirken, die aus etlichen kleinen Dörfern im Laufe der Jahrhunderte zusammengewachsen sind und sich trotzdem ihre Eigenheit bewahrt haben: Im schönen Hampstead findet man einen anderen Baustil als in Chelsea, das östliche Hackney kann sich kaum mit dem idyllischen Wimbledon vergleichen, wo sich noch vor 150 Jahren Gentlemen im Morgengrauen zu Duellen im Wald trafen.
Doch was macht aus all den Unterschieden eine interessante Stadt? »Es sind die Menschen, mein Freund, nur die Menschen«, sagte Autor, Humorist und Schauspieler Alan Bennett in seinen Fernsehmonologen »Talking Heads«. Und er hat ja so recht. Bennet schließt mit seiner Aussage natürlich auch alle Individualisten ein, die nicht nach vorgeschriebenen Mustern leben wollen – von den typisch englischen Exzentrikern ganz zu schweigen. Multimillionär Sir Richard Branson, der gerade ein Weltraum-Flugzeug herausbringt, ist so einer. Und am anderen Ende der Skala: Ex-Tischler Brian Hawk, Irak-Krieg-Protestler, der seit Juni 2001 auf dem Rasen des Parliament Squares »zeltete«. Er starb im Juni 2011.

Höflichkeit und Humor

Die Auswirkungen zweier Zauberformeln spürt der Fremde schnell, wenn er nach London kommt: die der (immer noch gültigen) sprichwörtlichen Höflichkeit und die des nie endenden Sinns für Humor. Höflich zu sein bedeutet, sehr oft »please« und »thank you« zu sagen und auch das »sorry« nicht zu vergessen, am besten unterstrichen mit einem Lächeln: Es wirkt Wunder! Denn der Alltag in London ist stressig. Übervolle U-Bahnen, Busse, die nie pünktlich sind (auf die man aber stoisch-geduldig wartet), verkehrsverstopfte Straßen trotz Auto-Maut. Je eher man sich damit »arrangiert«, desto mehr schont man seine Nerven. »Spirit« nennen die Londoner das und folgern logisch, dass sich vieles, wenn man sich darüber aufregt, trotzdem nicht ändern lässt. So genießt man lieber bewusst das Positive der Stadt: die Parks, die Themse, die Pubs, die schon beim ersten Sonnenstrahl Tische und Stühle vor die Tür stellen, und natürlich die großartige und gegensätzliche Architektur. Die einmalig schöne St. Paul's Cathedral wird heute von modernen Glas-Stahl-Bauten überragt. Hier ist an erster Stelle der »Gherkin« zu nennen, Norman Fosters »Gurke«, die neben Christopher Wren's Meisterwerk wie ein frecher, in die Höhe geschossener Youngster wirkt, der seiner Großmutter über den Kopf gewachsen ist.
Unübertroffen ist »Pomp and Circumstance«, der große Prunk, den das britische Königshaus entfaltet, wie sonst niemand, z. B. im April 2011 bei der Hochzeit von Prinz William mit der Bürgerlichen Kate Middleton. Rule Britannia!

MERIAN-TopTen
MERIAN zeigt Ihnen die Höhepunkte der Stadt: Das sollten Sie sich bei Ihrem Besuch in London nicht entgehen lassen.

 Harrods
Das ultimative Einkaufserlebnis für einen ganzen Tag (▸ S. 40, 41).

 Portobello Market
Antiquitäten? Jeden Samstag lockt hier die Fülle eines schier endlosen Angebots und ist so typisch für London (▸ S. 42).

 Buckingham Palace
Ein »Muss« für London-Besucher, vor allem die Wachablösung tgl. um 11.30 (im Winter 11 Uhr) ist ein Erlebnis (▸ S. 69)!

 Covent Garden Market (The Piazza)
Hier brodelt das Leben. Man trifft sich zum Shopping, in den Cafés und Theatern (▸ S. 73).

 St. Paul's Cathedral
Seit dem Mittelalter eine der beeindruckendsten Kirchen Europas (▸ S. 89).

 Tower Bridge
Das berühmte Wahrzeichen Londons sowie der Tower of London mit seiner blutigen Geschichte: Der Weg dorthin lohnt sich (▸ S. 91, 92).

 Trafalgar Square
Von diesem historischen Platz aus haben Sie einen großartigen Blick bis Whitehall und sogar Big Ben (▶ S. 92, 108).

 Westminster Abbey
Unzählige Krönungen, Hochzeiten und Beerdigungen der königlichen Familie hat die prunkvolle Abtei schon gesehen (▶ S. 93).

 British Museum
Eines der bedeutendsten Museen der Welt mit Schätzen aus mehreren Jahrtausenden (▶ S. 97).

 Tate Modern
Das neueste Museum Londons von internationalem Rang bietet moderne und zeitgenössische Kunst (▶ S. 104).

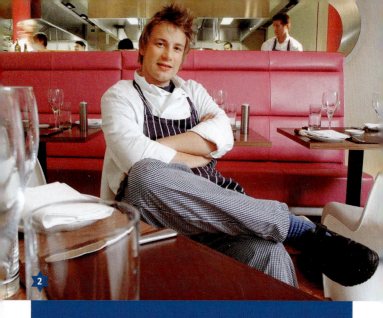

MERIAN-Tipps
Mit MERIAN mehr erleben. Nehmen Sie teil am Leben der Stadt und entdecken Sie London, wie es nur Einheimische kennen.

 Rules
Das älteste Restaurant Londons besteht seit dem Jahr 1798. Speisen und auch die Gäste sind hier typisch englisch (▶ S. 22).

 Fifteen
Starkoch Jamie Olivers viel beschriebenes Top-Restaurant (▶ S. 24).

 The Gun
Gerade zum besten Pub für 2010 gewählt, wo Lord Nelson 1781 schon Gast war. Liegt in den Docklands versteckt (▶ S. 30).

 Waterstone's
In Europas größtem Buchladen wird das Bücherkaufen zum Erlebnis (▶ S. 38).

 Borough Market
Wer Food liebt, muss diese Fülle essbarer Köstlichkeiten gesehen haben. Nicht nur für Gourmets (▶ S. 43).

 Royal Opera House
Auf zwei Bühnen gastieren Weltstars, außerdem hat das Royal Ballet hier seinen Sitz. Hier erlebt man Kultur vom Feinsten (▶ S. 51).

 Brick Lane
Im Viertel der Bangladescher und der jungen Künstler gibt es bunte Saris und gute Curry-Gerichte (▶ S. 68).

 High Tea im Palast
Ein besonderer Genuss: Afternoon Tea mit Scones und clotted Cream in der Orangerie des Kensington Palace (▶ S. 79).

 Chinatown
In der Gerrard Street in Soho geht es durch ein großes rotes Portal ins chinesische Food-Paradies mit Restaurants, Supermärkten und vielen Shops (▶ S. 87).

 Neues Leben an der South Bank
Das Südufer der Themse ist neuer Treffpunkt der Londoner (▶ S. 104).

Die ehemalige Werftanlage Butler's Wharf am Südufer der Themse ist heute eine der Top-Adressen Londons mit Blick auf die Tower Bridge (▶ S. 91).

Zu Gast **in London**

Wo acht Millionen Menschen leben, ist das Angebot für Feinschmecker, Kunstkenner, Kneipengänger, Shopping-Fans und Liebhaber von Musik und Theater unerschöpflich.

Übernachten
In allen Kategorien gibt es in London Übernachtungsmöglichkeiten, von Luxushotels bis zu Privatunterkünften. Auch Letztere können ein besonderes Flair und interessante Kontakte bieten.

◄ Einen außergewöhnlichen Service genießt der Gast im Mandarin Oriental Hyde Park (► S. 14).

London ist teuer. Und Hotels leider ganz besonders, vor allem, wenn man in einem der »großen« mit den berühmten Namen absteigen will, wie dem Dorchester, The Ritz oder dem frisch renovierten Savoy. Natürlich ist die Konkurrenz zwischen Londons 1600 Hotels groß. Immerhin stehen für die jährlich rund 27 Millionen »Overnight Visitors« ca. 130 000 Hotelzimmer in der Hauptstadt bereit.

Sparpotenzial

Zwischen 30 und 900 € bewegen sich die Preise, und diese sind keineswegs in Stein gemeißelt, sondern – je nach Jahreszeit, Wochentag oder (Groß-)Ereignis – relativ und unerwartet flexibel. »Promotion« oder »weekend rate« nennt man dann ein verblüffend günstiges Angebot. Oder es wird von »standard rates« gesprochen, von denen ein Nachlass gewährt werden kann. Zusätzlich wird dann noch die englische Mehrwertsteuer (VAT = 20 %) fällig.

Schlafen im Himmelbett

Bei der Buchung muss man blitzschnelle Entscheidungen treffen: ein »double room«? Da erwartet Sie ein breites (meist 175 cm) Bett, bei dem man sich die Zudecke teilt. Der »twin room« hat zwei (schmale) Einzelbetten, zwischen denen ein Nachtkästchen steht. Und mit »four poster« ist ein prunkvolles Himmelbett gemeint – meist antiquarisch und sehr romantisch. Außerdem bieten die Hotels selbstverständlich Fernseher, Wasserkessel

für die Teestunde, Bügeleisen und Room-Service. Wichtig auch beim Buchen: Sind Sie gehbehindert oder Rollstuhlfahrer? Ist das Hotel darauf eingestellt? Dass überall Rauchverbot herrscht, ist inzwischen ja bekannt. Leider gilt das »No« auch für Hunde. Nur Blindenhunde haben Zutritt. Für längere Aufenthalte sind »holiday flats« ideal, also möblierte Wohnungen oder Häuser. Angebote finden Sie auf folgenden Webseiten: www.visitlondon.com www.londontown.com www.homefromhome.co.uk www.bed-breakfast.de

Full English breakfast

Sehr erstaunlich: Frühstück ist keineswegs immer in den (hohen) Preisen mit inbegriffen, nur beim guten alten »B & B« (Bed & Breakfast) natürlich und meist auch in den vielen kleinen Pensionen (»guest houses«), die es in Hülle und Fülle gibt. Das international übliche Frühstücksbüfett hat oft auch vegetarische sowie »light and healthy«-Angebote. Daneben kann man jedoch nach der Speisekarte fragen und das traditionelle »full English breakfast« ordern, bei dem gebratener Schinken und Tomaten, Pilze, Würstchen und Rührei aufgefahren werden. Auf Wunsch gibt es sogar »kippers« (Räucherfisch). Dass Sie die »Times« dabei lesen können, rundet das englische Frühstück harmonisch ab.

Preise für ein Doppelzimmer ohne Frühstück:

€€€€ ab 200 £	€€ ab 90 £
€€€ ab 150 £	€ bis 90 £

14 ZU GAST IN LONDON

HOTELS €€€€

Blakes Hotel ► S. 140, südl. B 4

Jedes Zimmer im eigenen Design • Individualität ist das Besondere an diesem Hotel. Besitzerin Anouska Hempel bringt aus allen Teilen der Welt interessante Ideen und Accessoires mit, die dem Haus einen besonderen Touch verleihen.
South Kensington • 33 Roland Gardens, SW7 • U-Bahn: Gloucester Road (c 4) • Tel. 0 20/73 70 67 01 • www.blakeshotels.com • 40 Zimmer, 8 Suiten • €€€€

Covent Garden Hotel ► S. 143, E 7

Nostalgischer Charme • Ideal zwischen Covent Garden und Soho gelegen, d. h., Theater, Bars und Shops sind alle zu Fuß zu erreichen. Außerdem werden das Restaurant und das Café dieses Hotels gern besucht, was ständigen »buzz« garantiert. Trotzdem hat es sich in den der Allgemeinheit zugänglichen Räumen enorm viel »Englishness« bewahrt.
Covent Garden • 10 Monmouth Street, WC2 • U-Bahn: Covent Garden (d 4) • Tel. 0 20/78 06 10 00 • www.coventgardenhotel.co.uk • 56 Zimmer • €€€€

Dukes ► S. 146, C 13

James-Bond-Flair • Ian Fleming, »007«-Autor, trank hier seine Martinis »shaken, not stirred«. Vor hundert Jahren wurde das Hotel auf königlichem Boden gebaut und ist so englisch-elegant, wie man sich das vorstellt. Angenehm ruhig trotz der zentralen Lage nahe des Buckingham Palace.
St. James's • 35 St. James's Place, SW1 • U-Bahn: Green Park (c 4) • Tel. 0 20/74 91 48 40 • www.dukes hotel.com • 83 Zimmer • €€€€

Eleven Cadogen Gardens ► S. 141, E 4

Privathaus-Atmosphäre • Von außen absichtlich nicht als Hotel zu erkennen: Wer hier absteigt, will keinen Trubel. Der Stil des Hotels in Chelsea ist viktorianisch. Im Restaurant kann man zum Lunch und Dinner im Hause bleiben.
Knightsbridge • 11 Cadogan Gardens, SW3 • U-Bahn: Sloane Square (c 4) • Tel. 0 20/77 30 70 00 • www.no11 london.com • 60 Zimmer • €€€€

Haymarket Hotel ► S. 143, D8

Zurückhaltend elegant • Nur wenige Schritte vom Haymarket Theatre entfernt liegt dieses Regency-Gebäude von John Nash. Ein erstklassig geführtes Hotel: »stylish« und »hip« zugleich. Mit Swimmingpool, Wintergarten und First-Class-Restaurant »Brumus«.
St. James's • 1 Suffolk Place, SW1 • U-Bahn: Piccadilly Circus (c 4) • Tel. 0 20/74 70 40 00 • www. haymarkethotel.com • 47 Zimmer, 3 Suiten • €€€€

Mandarin Oriental Hyde Park ► S. 141, E 3

Mit Blick auf den Hyde Park • Das Gebäude aus dem Jahr 1889 ist mit einem hinreißend-luxuriösen Ambiente voller Antiquitäten, hoheitsvollen Räumen und Suiten ausgestattet. Die Gäste werden mit einem Service verwöhnt, der sogar das Abholen der Einkaufstaschen aus dem nahe gelegenen Harrods mit einschließt. Dass man hier »Britishness« der alten Schule geboten bekommt, versteht sich von selbst.
Knightsbridge • 66 Knightsbridge, SW1 • U-Bahn: Knightsbridge (c 4) • Tel. 0 20/72 35 20 00 • www.

Übernachten 15

mandarinoriental.com/london • 173 Zimmer, 25 Suiten • €€€€ • ♿

The Pelham ▶ S. 140, C 4
Englischer Landhausstil • Country-House-Touch mitten in London vermittelt das charmante Stadthaus mit getäfelten Wänden und Kaminen. Das Essen im Restaurant unterstreicht den typischen englischen Charakter, und zur U-Bahn sind's nur ein paar Schritte.
South Kensington • 15 Cromwell Place, SW7 • U-Bahn: South Kensington (c 4) • Tel. 0 20/75 89 82 88 • www.pelhamhotel.co.uk • 51 Zimmer • €€€€

The Ritz ▶ S. 142, C 8
Im Stil von Louis XVI • Das 1906 gebaute Ritz erinnert an ein französisches Schlösschen. Durch seinen sagenhaften Service ist das Hotel noch heute eine der besten Adressen in der Hauptstadt.

St. James's • 150 Piccadilly, W1 • U-Bahn: Green Park (c 4) • Tel. 0 20/74 93 81 81 • www.theritzlondon.com • 116 Zimmer • 17 Suiten • €€€€ • ♿

WUSSTEN SIE, DASS ...
... Cesar Ritz, Gründer der Ritz-Hotels, anordnete, dass alle Tischtücher in den Ritz-Restaurants nicht weiß, sondern lachsfarben sein sollen, um den Teint seiner (meist älteren) reichen weiblichen Gäste lieblich-rosig schimmern zu lassen?

St. Martin's Lane Hotel
▶ S. 143, E 8
Modernes Designerhotel • Die hervorragende Lage nahe Covent Garden, die ultramodernen Zimmer sowie das Design von Philippe Starck ziehen schicke Gäste in dieses neue

Von außen typisch englisch anzusehen, bietet das Dukes Hotel (▶ S. 14) im Inneren viel Luxus, von eleganten Suiten bis zum italienischen Marmordampfbad.

Hotel. Große Fenster bieten einen herrlichen Panoramablick auf die Stadt.
Covent Garden • 45 St. Martin's Lane, WC2 • U-Bahn: Leicester Square (c 4) • Tel. 0 20/73 00 55 00 • www.stmartinslane.com • 204 Zimmer • €€€€

The Trafalgar   ▶ S. 143, E 8
Blick auf den Trafalgar Square • Der berühmte Platz mit Nelsons Siegessäule liegt hier direkt vor Ihnen, und das pralle Leben sprudelt Tag und Nacht am Hotel vorbei. Herrlicher Blick von der Dachterrasse über London. An der Bar locken 138 verschiedene Whisky-Sorten. Erstaunlich relaxte Atmosphäre.
Whitehall • 2 Spring Gardens, SW1 • U-Bahn: Charing Cross (c 4) • Tel. 0 20/78 70 29 00 • www.the trafalgar.com • 129 Zimmer • €€€€

HOTELS €€€
The Academy   ▶ S. 143, D 6
Ganz dicht am British Museum • Das Hotel liegt mitten in Bloomsbury, dem Stadtteil berühmter Literaten wie z. B. Virginia Woolf. Nahe der Universität mit bequemer Verbindung zum West End, Covent Garden und zur Oxford Street.
Bloomsbury • 21 Gower Street, WC1 • U-Bahn: Goodge Street (c 3) • Tel. 0 20/76 31 41 15 • www.theeton collection.com • 49 Zimmer • €€€

Aster House   ▶ S. 140, südl. C 4
Viktorianischer Stil • In diesem Haus mit Garten, mitten in Chelsea gelegen, fühlt man sich wie bei Freunden. Vor allem, da man an der Tür klingeln muss, wenn man hinein will. Die Bed & Breakfast-Pension ist gut geführt, sauber, freundlich. Lei-

der ohne Lift. Vom »garden room« geht's in einen kleinen Garten.
South Kensington • 3 Sumner Place, SW7 • U-Bahn: South Kensington (c 4) • Tel. 0 20/75 81 58 88 • www. asterhouse.com • 13 Zimmer • €€€

The Chesterfield   ▶ S. 141, F 2
Wie Nach-Hause-Kommen • Der »Charme der alten Welt« ist hier mit moderner Technik verbunden, plus sehr gutem Service (inkl. sanfter Massagen). Auch kleine Gäste werden verwöhnt. Slogan: Wir erfüllen alle Ihre Wünsche.
Mayfair • 35 Charles Street, W1 • U-Bahn: Green Park (c 4) • Tel. 0 20/ 74 91 26 22 • www.chesterfield mayfair.com • 107 Zimmer • €€€

The Cranley   ▶ S. 140, südl. B 4
Boutique Hotel • Das Hotel besteht aus drei Häusern aus dem Jahr 1869. Trotzdem ist es modern und in Zentrumnähe, mit Charme, Luxus und gutem Service in ruhiger Lage.
South Kensington • 10 Bina Gardens, SW5 • U-Bahn: Gloucester Road (c 4) • Tel. 0 20/73 73 01 23 • www.the cranley.com • 39 Zimmer • €€€

The Gore   ▶ S. 140, B 4
Romantischstes Hotel Londons • Die ehemalige Residenz des Herzogs von Orleans hat aristokratisches Flair. Alte Drucke (viele von Königin Victoria) in üppigen Zimmern mit antiken Eichenbetten, z. B. im »Tudor Room«, sorgen für edles Ambiente. Die Royal Albert Hall ist nur wenige Schritte entfernt.
South Kensington • 190 Queen's Gate, SW7 • U-Bahn: South Kensington (b 4) • Tel. 0 20/75 84 66 01 • www.gorehotel.com • 50 Zimmer • €€€

Übernachten **17**

Langham Court Hotel ▸ S. 142, C 7

Freundlicher Service • Dieses elegante Wohnhaus aus dem Jahr 1899 verbindet den Charme eines viktorianischen Privathauses mit der Perfektion eines modern geführten Hotels.
Fitzrovia • 31–35 Langham Street, W1 • U-Bahn: Oxford Circus (c 4) • Tel. 0 20/74 36 66 22 • www.grange hotels.co.uk • 60 Zimmer • €€€

Park Plaza Sherlock Holmes
▸ S. 142, A 6

Tradition und Moderne • Auf den Spuren des Meisterdetektivs entdeckt der Gast ein ausgezeichnet geführtes, modernes Haus mit allem Luxus und Service, den ein Vier-Sterne-Hotel bieten soll. In 119 Zimmern hat man die neueste Technik per Knopfdruck zur Verfügung. Im hoteleigenen Fitnesscenter, Beauty Salon und der Sauna wird man den Alltagsstress schnell los. Die Oxford Street ist gleich um die Ecke.
Marylebone • 108 Baker Street, W1 • U-Bahn: Baker Street (c 3) • Tel. 0 20/74 86 61 61 • www.parkplaza sherlockholmes.com • 119 Zimmer • €€€

Portobello Hotel
▸ S. 140, westl. A 2

Oase für Bohemiens • Dieses Hotel gilt als Geheimtipp unter Filmleuten und Models: Es entstand 1971 im trendigen Stadtteil Notting Hill, ist sehr individuell eingerichtet, und der Schwerpunkt liegt auf Komfort, persönlichem Service und Wohlfühlatmosphäre. Interessante Klientel garantiert.
Notting Hill • 22 Stanley Gardens, W11 • U-Bahn: Notting Hill (b 4) • Tel. 0 20/77 27 27 77 • www.

portobellohotel.co.uk • 20 Zimmer • €€€

The Royal Horseguards
▸ S. 147, E 13

Hotel of the Year 2011 • Mit Blick auf die Themse: Dieses neu umgebaute Hotel vereint »old world elegance« mit modernstem Komfort. Und das mitten im politischen Whitehall, wo es vor 120 Jahren als Polit-Club entstand.
Westminster • 2 Whitehall Court, SW1 • U-Bahn: Embankment (d 5) • Tel. 08 71/3 76 90 33 • www. guoman.com • 281 Zimmer • €€€

The Zetter ▸ S. 144, A 10

Modern, funktional und »grün« • Das Wasser kommt hier aus dem hauseigenen Brunnen. Das Hotel liegt in der Bohème-Gegend Clerkenwell. Es ist berühmt für seine Weekend-Brunches.
Clerkenwell • 86–88 Clerkenwell Road, EC1 • U-Bahn: Farringdon (d 3) • Tel. 0 20/73 24 44 44 • www.the zetter.com • 59 Zimmer • €€€

HOTELS €€
County Hall Premier Inn 👫
▸ S. 147, F 13

Mit Blick auf Big Ben • Dieses Hotel ist wegen seiner Lage gegenüber den Houses of Parliament und Big Ben, gleich neben dem London Eye und dem London Aquarium, ein echter Geheimtipp. Das County Hall gehört zur Premier-Inn-Kette und bietet auch relativ geräumige Familienzimmer zu akzeptablen Preisen an. Zum »afternoon tea« kann man ins Marriot County Hall Hotel gehen, das im gleichen Gebäude liegt.
South Bank • Belvedere Road, SE1 • U-Bahn: Waterloo oder Westmins-

Als Londons »coolstes« Hotel gilt das The Zetter (▶ S. 17). Im zugehörigen Restaurant wird eine mediterrane Küche serviert, die saisonale Zutaten verwendet.

ter (c 5) • Tel. 08 71/5 27 86 48 • www.premierinn.com • 314 Zimmer • €€

Lincoln House Hotel ▶ S. 141, E 1

In Gehweite zur Oxford Street • Dies charmante vierstöckige B & B in einem Haus aus georgianischer Zeit wirkt einladend und komfortabel. Ideal für Privat- und Geschäftsreisende. In wenigen Gehminuten ist man im Shopping-Paradies Oxford Street und Umgebung und auch im West End für Theaterabende. Kein Lift! Marylebone • 33 Gloucester Place, W1 • U-Bahn: Marble Arch (c 3) • Tel. 0 20/74 86 76 30 • www.lincoln-house-hotel.co.uk • 22 Zimmer • €€

Windermere Hotel ▶ S. 146, C 15

Londons erstes B & B • 1881 entstand hier das allererste »Bed and Breakfast«, das seitdem viele Preise und Auszeichnungen erhalten hat. Es ist klein und relativ eng, verfügt aber über den typisch englischen Charme, mit Chintz und Room-Service.

Victoria • 142–144 Warwick Way, SW1 • U-Bahn: Victoria (c 4) • Tel. 0 20/78 34 51 63 • www.windermere-hotel.co.uk • 20 Zimmer • €€

HOTELS €

London bietet eine Fülle preiswerter Unterkünfte, hübsche Pensionen (»guest houses«) und natürlich die berühmten B & Bs (»Bed and Breakfast«), überwiegend in den Stadtteilen Earl's Court (SW5), Bayswater (W2), South Kensington (SW7) und Knightsbridge (SW1).
Im Internet Preise zu vergleichen lohnt sich unbedingt, wenn man Sonderangebote finden will. Je nach Jahreszeit gibt es schon Übernachtungen für 39 €.
Hier einige nützliche Adressen:
www.cheaphotels.co.uk
www.discounthotels.co.uk
www.laterooms.com
www.budgetplaces.com

easyHotel.com ▸ S. 140, A 4
Ideal für Museumsbesuche • Genauso preisgünstig wie easyJet-Flüge sind auch die Hotels der »easy«-Gruppe. »Easy« muss man dabei als »simpel« verstehen, doch dafür hat man die großen Museen, viele Shops und kleine Bistros vor der Haustür. South Kensington • 14 Lexham Gardens, W8 • U-Bahn: Gloucester Road, Earls Court (c/b 4) • www.easy hotel.com • €

London House Hotel ▸ S. 140, A 1
Frisch renoviert • Modernes, preiswertes Hotel in günstiger Lage, um Notting Hill und den Portobello-Antiquitäten-Markt zu besuchen. Die schlichten Zimmer bieten Fernseher, Badezimmer und ein Tee-Set (Tee zum Selbstaufbrühen und Gebäck) sowie eine Minibar. Der Hyde Park liegt in Reichweite, genauso wie das Shopping-Paradies Oxford Street oder die Theaterwelt des West Ends. Bayswater • 81 Kensington Gardens Square, W2 • U-Bahn: Bayswater (b 3) • Tel. 0 20/72 43 18 10 • www.londonhousehotels.com • 102 Zimmer • €

Travelodge Covent Garden
▸ S. 143, E 7

Mittendrin • Hier sind Sie zwar in einem preiswerten Hotel, aber von der Lage her könnte es nicht besser sein. Denn Londons Attraktionen wie Piccadilly Circus und Covent Garden mit Theatern und Restaurants liegen vor der Tür. Modern, fast neu und mit allem Komfort, den Sie erwarten. Es gibt sogar ein Fitnesscenter. Covent Garden • 10 Drury Lane, WC2 • U-Bahn: Covent Garden (d 4) • Tel. 08 71/9 84 62 45 • www.travelodge.co.uk • 163 Zimmer • €

PRIVATUNTERKÜNFTE
»Staying with the locals«

Vielleicht möchten Sie ganz gern mal als zahlender Gast in einem Privathaus wohnen. Bei einer Familie, die Zimmer vermietet. Der Vorteil dabei ist, dass man Gespräche führen kann und netten persönlichen Anschluss findet. Solche Möglichkeiten gibt es in den Stadtteilen Knightsbridge, Chelsea, Notting Hill und Mayfair, wo es etwas teurer ist als in Hampstead, Kew Gardens, Holland Park und Islington. Übernachtung in der Regel mit Frühstück. Auskunft unter:
www.athomeinlondon.co.uk
www.host-guest.co.uk
www.thebedandbreakfastclub.co.uk

Essen und Trinken
Junge, talentierte Köche machten die Londoner Restaurant-Szene mit zur besten der Welt. Und es sind wirklich so gut wie alle Nationalitäten – kulinarisch gesehen – vertreten.

◄ Jamie Oliver, junger Star unter Londons Top-Köchen, in seinem Restaurant »Fifteen« (► MERIAN-Tipp, S. 24).

Es ist heute kaum zu glauben, dass die englische Küche früher weltweit als »joke« galt. Ja, dass Literat Oscar Wilde vor ca. 100 Jahren riet, dass man in London lieber dreimal frühstücken sollte, wenn man gut essen will. Er konnte nicht ahnen, dass mit Terence Conran vor knapp 30 Jahren eine wahre kulinarische Revolution beginnen würde, der sich Top-Köche wie Gordon Ramsay, Marco Pierre White und – jüngstens – Jamie Oliver und Heston Blumenthal anschlossen.

Von Steaks bis Curry

Die englische Küche bietet heute Essensgenüsse aus aller Herren Länder. Die Vielfalt ist einmalig. Neuester Trend: Immer mehr Restaurants bieten erstklassiges Frühstück, seit das hervorragende The Wolseley (► S. 25) damit begann. Und: Hochstühle für Kinder sowie Toiletten für Behinderte wurden zur Selbstverständlichkeit.
Doch es bleibt die Qual der Wahl: Wie das Passende finden? Der kostenlose »Restaurant-Service« hilft, berät und bucht auch gleich für Sie, wenn Sie das möchten: Tel. 0 20/ 88 88 80 80, Mo–Fr 9.30–17.30 Uhr.

Tischreservierung – sehr wichtig

Wenn Sie selbst einen Tisch reservieren möchten: »table for two« (or three). Im Restaurant bitte warten, bis man Sie an Ihren Tisch führt, Ihnen die Speisekarte (»menu«, sprich mennju) reicht. Ihre Wahl beginnt bei der Vorspeise (»star-

ter«), dann kommt das Hauptgericht (»main dish«), wobei alle Gemüsesorten und Kartoffeln extra aufgeführt werden. Für die Nachspeise (»dessert«) bekommen Sie die Speisekarte nochmals gereicht, oder Sie können vom Wagen (»trolley«) zwischen Puddings, Obst, Kompott und Torten wählen.

Bitte nicht rauchen

Das Trinkgeld (»service charge«) wird in den meisten Fällen auf der Rechnung extra mit aufgeführt. Dass in allen Restaurants und Pubs das seit dem 1. Juli 2007 geltende Rauchverbot eingehalten werden muss, wissen Sie bestimmt.

Preise für ein dreigängiges Menü:

€€€€ ab 55 £	€€ ab 30 £
€€€ ab 40 £	€ bis 30 £

AMERIKANISCH

Planet Hollywood 👫 ► S. 143, D 8
Hollywood lässt grüßen • Rundum-Filmkulissen, zwölf Großbildschirme und Requisiten von Stars zaubern totale Traumfabrik-Illusionen, so wie Bruce Willis und Sylvester Stallone es einst planten. Es gibt Fast Food und Hamburger, ein Riesenspaß für Kinder.
St. James's • 57–60 Haymarket, SW1 U-Bahn: Piccadilly Circus (c 4) • Tel. 0 20/72 87 10 00 • www.planet hollywoodlondon.com • Mo–Sa 11.30–24, So 11.30–23 Uhr • €€

CHINESISCH

China Tang at the Dorchester
► S. 141, F 2
Hochgenuss im Luxus-Hotel • Dieses Restaurant gehört zur Spitzenklasse, mit erstklassigen Gerichten,

ZU GAST IN LONDON

MERIAN-Tipp

RULES ▶ S. 143, E 8

Das Rules besteht seit 1798. Hier sieht man distinguierte, gut betuchte Londoner – Menschen der alten Schule. Früher waren es Autoren, Prinzen, Künstler. Dinner gibt's schon ab 18 Uhr, zur rechten Zeit für's Theater. Leider liegt das Lokal etwas eingeengt in einer kleinen Seitenstraße.
Covent Garden • 35 Maiden Lane, WC2 • U-Bahn: Covent Garden (c 4) • Tel. 0 20/78 36 53 14 • www.rules.co.uk • Mo–Sa 12–23.45, So 12–22.45 Uhr • €€€

perfektem Service und dem glanzvollen Ambiente des Dorchester Hotels. Reservierung erforderlich.
Mayfair • 53 Park Lane, W1 • U-Bahn: Hyde Park Corner (c 4) • Tel. 0 20/76 29 99 88 • www.thedorchester.com/china-tang • tgl. 11–15.30, 17.30–24 Uhr • €€€€

Hakkasan ▶ S. 143, D 7

Exzellente Küche • Ungewöhnlich intime Atmosphäre durch schwarz gehaltene Einrichtung. Auch die Gerichte überraschen.
Fitzrovia • 8 Hanway Place, W1 • U-Bahn: Tottenham Court Road (c 4) • Tel. 0 20/79 27 70 00 • www.hakkasan.com • Mo–Sa 12–15, 18–24, So 12–16.30, 18–23.30 Uhr • €€€€

Ken Lo's Memories of China
▶ S. 141, F 4

Eine Institution • Dieses Restaurant trägt immer noch Ken Lo's Handschrift, denn er war der Erste, der die chinesische Küche ins feine Belgravia brachte. Seine Speisekarte ist eine gastronomische Reise durch China.
Belgravia • 65–69 Ebury Street, SW1 • U-Bahn: Victoria (c 4) • Tel. 0 20/77 30 77 34 • www.atozrestaurants.com/kenlosmemoriesofchina • tgl. 12–14.30, 19–23 Uhr • €€€

ENGLISCH

Bentley's ▶ S. 142, C 8

Alter Gentlemen's Club • So wirken Ledersofas und Bar des ehemaligen »Oyster Clubs«. Heute wird Fisch serviert, der frisch aus Cornwall kommt, aus St. Ives. Aber auch aus Dover. Angenehme Atmosphäre!
Mayfair • 11–15 Swallow Street, W1 • U-Bahn: Piccadilly Circus (c 4) • Tel. 0 20/77 34 47 56 • www.bentleys.org • Mo–Sa 12–15, 18–23, So 18–22 Uhr • €€€

Bluebird ▶ S. 146, südwestl. A 15

Ausgezeichnete Qualität • Typisch englische Gerichte wie Lammbraten, Moorhuhn aus Yorkshire oder heimische Fischgerichte bietet das Bluebird, wo man auch die »trendy people« der Hauptstadt sieht.
Chelsea • 350 King's Road, SW3 • U-Bahn: Sloane Square (c 4) • Tel. 0 20/75 59 10 00 • www.bluebird-restaurant.co.uk • Mo–Fr 12–14.30, 18–22.30, Sa 12–15.30, 18–22.30, So 12–15.30, 18–21.30 Uhr • €€€

Simpson's in-the-Strand
▶ S. 143, E 8

Wahre Bastion von »Englishness« • Hier scheint die Zeit stehen geblieben zu sein. Denn englischer geht es gar nicht: Die Rezepte stammen zum Teil von 1848 – die Pracht vergangener Jahrzehnte umhüllt den Gast.

Essen und Trinken 23

Und ebenso herrlich altmodisch ist der Service: Wo wird Ihnen heute noch vom Koch der Roastbeef-Trolley an den Tisch gefahren?
Covent Garden • 100 Strand, WC2 • U-Bahn: Charing Cross (c 4) • Tel. 0 20/78 36 91 12 • www.simpsons inthestrand.co.uk • Mo–Fr 7.15–22.45, Sa 12.15–22.45, So 12.15–21 Uhr • €€€

Rock & Sole Plaice ▶ S. 143, E 7
Fish & Chips, wie in alten Zeiten • Die guten alten Fish & Chips sind in den momentanen Krisenzeiten wieder mehr gefragt. Zwar kaum noch in Zeitungspapier gewickelt, aber nach wie vor köstlich.
Covent Garden • 47 Endell Street, WC2 • U-Bahn: Covent Garden (d 4) • Mo–Sa 11.30–23, So 12–22 Uhr • €€

Café Below ▶ S. 144, C 11
Speisen in der Krypta • Die Kirche St. Mary-le-Bow zieht immer mehr Besucher an. In der Krypta gibt es Sandwiches am Morgen, leichten Lunch zur Mittagszeit und gesunde Salate und Gegrilltes aller Art am Abend. Seit 1088 besteht diese Kirche, und ihr Umkreis sind die »Cockneys«, die echten Londoner.
City • St. Mary-le-Bow, Cheapside, EC2 • U-Bahn: St. Paul's oder Bank (d 4) • Tel. 0 20/73 29 07 89 • www.cafebelow.co.uk • Mo–Fr 7.30–21 Uhr • €

Manze's Pie and Mash ▶ S. 149, D 18
Uralte Tradition • Die internationale Finanzkrise bringt solche Raritäten wie diese wieder ins Geschäft. »Pie and mash« oder »banger and mash« sind Fleischpasteten oder Bratwurst mit Kartoffelbrei. Gerichte, wie sie um 1890 üblich waren. Sehr schlicht, aber auch sehr preiswert.
Bermondsey • 87 Tower Bridge Road, SE1 • U-Bahn: Borough (d 5) •

Beliebt bei Schauspielern und Models sind die Delikatessen, die man im japanischen Restaurant Nobu (▶ S. 26) serviert.

Tel. 0 20/74 07 29 85 • www.manze.co.uk • Mo–Do 11–14, Fr/Sa 10–14.45 Uhr • €

FRANZÖSISCH
Aubaine ▶ S. 141, D 4

»Open all day« • Das Aubaine gehört zur wachsenden Zahl moderner Restaurants, die vom Frühstück bis fast um Mitternacht geöffnet haben und dabei berücksichtigen, dass nicht jeder Gast ein 3-Gänge-Menü essen will. Kleinere Portionen? Kein Problem! Auf der Speisekarte findet sich französische Zwiebelsuppe oder Lachs in Trüffelöl mit Brunnenkresse. Freundlicher zuverlässiger Service gehört mit dazu, und das Brot für die angrenzende Patisserie bäckt der Chef selbst.
Brompton • 260–262 Brompton Road, SW3 • U-Bahn: South Kensington (c 4) • Tel. 0 20/70 52 01 00 • www.aubaine.co.uk • Mo–Sa 8–22.30, So 9–22 Uhr • €€€

MERIAN-Tipp

FIFTEEN ▶ S. 144, C 9

Dass bei Jamie Oliver nur Top-Qualität auf den Tisch kommt, ist selbstverständlich. Der junge Starkoch verwendet möglichst nur regionale Zutaten der Saison. Mit ganz neuen Kreationen wie Kalbsleber mit schwarzen Feigen machte er sich einen Namen. Er bildet auch jungen Nachwuchs aus. Unbedingt reservieren!
Clerkenwell • 15 Westland Place, N1 • U-Bahn: Old Street (d 3) • Tel. 0 20/33 75 15 15 • www.fifteen.net • tgl. 7.30–10.45, 18–22 Uhr • €€€

Bleeding Heart ▶ S. 144, A 10

Ausgezeichnete Weinkarte • Hier kann man die Nadelstreifenanzug tragenden Finanzleute aus der City sehen, die Bar und Terrasse (bei schönem Wetter) bevölkern. Der Wirbel hier steckt an, daneben jonglieren erfahrene Ober Teller und Gläser. Bewährtes französisches Essen und vor allem beeindruckend guter Wein, von den Weinbergen der Besitzer. Der Freitagabend eignet sich am besten für ein romantisches Dinner.
Holborn • Bleeding Heart Yard, Greville Street, EC1 • U-Bahn: Farringdon (d 3) • Tel. 0 20/72 42 20 56 • www.bleedingheart.co.uk • Mo–Fr 12–14.30, 18–22.30 Uhr • €€€

The Glasshouse
▶ S. 142, südwestl. A 5

Fast im Grünen • Ideale Adresse in Verbindung mit einem Besuch von Kew Gardens. Klassische französische Küche auf hohem Niveau zu für diese Qualität erstaunlich günstigen Preisen. Aufmerksame Bedienung.
Kew • 14 Station Parade, TW9 • U-Bahn: Kew Gardens (a 5) • Tel. 0 20/89 40 67 77 • www.glasshouserestaurant.co.uk • tgl. 12–14.30, 18.30–22.30, So 19–22 Uhr • €€€

INDISCH
Bombay Brasserie
▶ S. 140, südl. B 4

Seltene Spezialitäten • Der Gast tritt hier eine kulinarische Reise durch Indiens diverse Provinzen an. Und das in selten prächtigem Ambiente, das eine Mischung aus Palast und Grand Hotel altindischen Stils ist. Nicht umsonst zieht dieses Restaurant seit Jahren Prominente aus aller Welt an. Sachkundige Kellner erklären die Gerichte der verschiedenen

Essen und Trinken 25

indischen Regionen. Mittags Lunch-Buffet.

South Kensington • 140 Courtfield Road, SW7 • U-Bahn: Gloucester Road (c 4) • Tel. 0 20/73 70 40 40 • www.bombaybrasserielondon.com • tgl. 12.30–15, 19.30–23.30 Uhr • €€€

Chutney Mary
▶ S. 146, südwestl. A 15

Ausgezeichnete Qualität • Immerhin gehört dieses Restaurant zu den Vorreitern gehobener indischer Küche in London. Doch alle Gerichte sind mit der Zeit unverändert gut geblieben, wenn nicht sogar noch interessanter geworden. An sonnigen Tagen sitzt man im Wintergarten besonders gemütlich.

Chelsea • 535 King's Road, SW10 • U-Bahn: Fulham Broadway (b 5) • Tel. 0 20/73 51 31 13 • www.chutney mary.com • Sa/So 12.30–14.30, Mo–Sa 18.30–23, So bis 22.30 Uhr • €€€

INTERNATIONAL

The Wolseley
▶ S. 142, C 8

Speisen unter Stuck und Marmor • Die Besitzer wagten etwas völlig Neues mit diesem Restaurant, das mit seinen Säulen und Kronleuchtern das Flair eines Alt-Wiener Grand Hotels hat. Das geniale Konzept lautet: Allround-Restaurant! Neben Apfelstrudel oder Wiener Schnitzel können Sie auch Kaviar und Austern bestellen, und das von morgens bis Mitternacht. Kein Wunder, dass jetzt viele Restaurants diesem Vorbild von Café/Restaurant/Bar folgen.

St. James's • 160 Piccadilly, W1 • U-Bahn: Green Park (c 4) • Tel. 0 20/74 99 69 96 • www.thewolseley.com • Mo–Fr 7–24, Sa 8–24, So 8–23 Uhr • €€€€

Bibendum
▶ S. 141, südl. D 4

Im schönen Michelin House • Der Art-déco-Stil des 1911 erbauten Gebäudes ist bis heute erhalten. Sir Terence Conran errang mit diesem eleganten Restaurant und der mit Sorgfalt und Kennerschaft zusammengestellten Speisekarte einen Über-Nacht-Erfolg, der bis heute anhält. Die Qualität aller Gerichte verrät Sir Terence' Liebe zum Kochen.

Chelsea • Michelin House, 81 Fulham Road, SW3 • U-Bahn: South Kensington (c 4) • Tel. 0 20/75 81 58 17 • www.bibendum.co.uk • Mo–Fr 12–14.30, 19–23, Sa/So 12.30–15, 19–23 Uhr • €€€

The Botanist
▶ S. 141, südl. E 4

Preisgekröntes Frühstück • »The Botanist« gehört zu der jungen, neuen Generation moderner Restaurants, die vom Frühstück bis späten Abend geöffnet sind und durch fantasievolle, interessante Gerichte beeindrucken. Sonntags gibt's grandiose Braten. Reservierung erforderlich.

Chelsea • 7 Sloane Square, SW1 • U-Bahn: Sloane Square (c 4) • Tel. 0 20/77 30 00 77 • www.thebotanist onsloanesquare.com • Mo–Fr 8–23.30, Sa/So 9–23.30 Uhr • €€€

Fifth Floor at Harvey Nichols
▶ S. 141, E 3

Treffpunkt der »beautiful people« • Bei »Harvey Nicks« (so der Volksmund) im 5. Stock des eleganten Kaufhauses zu essen ist schon sehr schick. Außerdem sieht man hier eine ganz besondere Art Londoner: »the ladies who lunch«, wie man jene sehr gut betuchten Damen mit Chauffeur und Nanny nennt, die sich hier zwischen Fitnessstudio und

Shoppen mit Freunden treffen. Wie ein Raumschiff mit (trotzdem) intimer Atmosphäre wirkt das teuer renovierte Restaurant. Die Speisekarte verführt dazu, mehr zu essen, als man sollte. Alles ist köstlich.
Knightsbridge • Harvey Nichols, 109–125 Knightsbridge, SW1 • U-Bahn: Knightsbridge (c 4) • Tel. 0 20/72 35 52 50 • www.harveynichols.com • Lunch Mo–Do 12–15.30, Fr–So 12–16 Uhr, Dinner Mo–Sa 18–23 Uhr • €€€

OXO Tower Brasserie
▶ S. 144, A 12

Bester Blick über London • Im 8. Stock des Oxo Towers an der Südseite der Themse reicht die Speisenauswahl von typisch italienisch bis zu Rezepten aus Thailand und Asien. Dazu lebendige Atmosphäre mit Livemusik. Man kann auch auf der Terrasse essen, was bei Sonnenuntergang besonders romantisch ist.
South Bank • Oxo Tower Wharf, Barge House Street, SE1 • U-Bahn: Southwark, Waterloo (d 5) • Tel. 0 20/78 03 38 88 • www.harvey nichols.com/restaurants • tgl. 12–23 Uhr • €€€

ITALIENISCH
La Famiglia ▶ S. 146, südwestl. A 15
Erstklassiger Service • Italienisches Restaurant mit Spezialitäten aus der Toskana. Hier trifft man sich zum Sehen und Gesehen werden, und das Personal ist immer fröhlich. Im Sommer sitzt man im Garten. Wechselnde Tagesgerichte.
Chelsea • 7 Langton Street, SW10 • U-Bahn: Fulham Broadway (b 5) • Tel. 0 20/73 51 07 61 • www.la famiglia.co.uk • tgl. 12–14.45, 19–23.45 Uhr • €€€

Zilli Fish
▶ S. 143, D 8

Beste Qualität garantiert • Dies ist ein Dauerbrenner unter den guten, verlässlichen Restaurants in London: Aldo Zilli ist ein Freund von Stars, er selbst gehört zu den Celebrity-Köchen. Seine Zutaten: immer frisch! Versuchen Sie Risotto frutti di mare oder Spaghetti mit Hummer! Eine Delikatesse die Fish 'n' Chips. Unbedingt reservieren!
Soho • 36–40 Brewer Street, W1 • U-Bahn: Piccadilly Circus (c 4) • Tel. 0 20/77 34 86 49 • www.zillirestau rants.co.uk/fish • tgl. 12–23 • €€€

JAPANISCH
Nobu
▶ S. 141, F 3

Treffpunkt der Stars • Japanisches Restaurant mit Michelin-Stern. Gleichbleibend exzellente Küche und Service ziehen Gäste aus Film-, Mode- und Sportwelt an. Reservierung erforderlich.
Mayfair • 19 Old Park Lane, W1 • U-Bahn: Hyde Park Corner (c 4) • Tel. 0 20/74 47 47 47 • www.nobu restaurants.com • Mo–Fr 12–14.15, Sa/So 12.30–14.30, tgl. 18–23 Uhr • €€€€

Zuma
▶ S. 141, D 3

Viel mehr als nur Sushi • Das Ambiente ist ein gelungener Mix aus Ost und West, im hocheleganten Zuma, wo man mit Marmor, Granit, Stein und Holz einen ungewöhnlich harmonischen Rahmen schuf. Kein Wunder, dass bei so viel glitzernder Innenausstattung auch Gäste angezogen werden, die Glamour ausstrahlen. Die Speisekarte verrät Kennerschaft der japanischen Küche, mit der sie Traditionelles und Modernes geschickt vereint. Die Sushi-Gerichte haben ihre eigene Ecke.

Essen und Trinken 27

Von der Terrasse der OXO Tower Brasserie (▶ S. 26) genießt man einen fantastischen Blick über Londons Skyline mit St. Paul's Cathedral.

Knightsbridge • 5 Raphael Street, SW7 • U-Bahn: Knightsbridge (c 4) • Tel. 0 20/ 75 84 10 10 • www.zuma restaurant.com • Mo–Fr 12–14.30, Sa/So 12.30–15.30, Mo–Sa 18–23 Uhr • €€€

KOSCHER
Bevis Marks Restaurant

▶ S. 145, D11

Synagoge trifft Küche • Dieses Restaurant gehört zur 1701 eröffneten Bevis Marks Synagoge, der ältesten in England. Und da die Gläubigen hungrig waren, wurde ein Glasanbau zum Restaurant. Die Speisekarte muss man am »schwarzen Brett« suchen, und zwischen den traditionellen Gerichten wie Hühnersuppe und Matzeknödel findet man auch Anleihen an asiatische und europäische Rezepte, die stilvoll präsentiert werden. Unter den Weinen nimmt Mevushal einen besonderen Platz ein. Hier sollten Sie unbedingt reservieren!
City • 4 Heneage Lane, EC3 • U-Bahn: Aldgate (e 4) • Tel. 0 20/72 83 22 20 • www.bevismarkstherestaurant.com • Mo–Do 12–15, 17.30–22, Fr 12–15 Uhr • €€

MAROKKANISCH
Momo ▶ S. 142, C 8

Ein Genuss für alle Sinne • Die geschickte Mischung nordafrikanischer Rezepte mit englisch-französischem Einfluss macht Momos großen Erfolg aus. Auch das Interieur spricht die Sinne an. Prominente tummeln sich in der Kemia Bar im Basement. Reservierung erforderlich.
Mayfair • 25 Heddon Street, W1 • U-Bahn: Piccadilly Circus, Oxford Circus (c 4) • Tel. 0 20/74 34 40 40 • www.momoresto.com • Mo–Sa 12–14.30, 18.30–23.30, So 18.30–23 Uhr • €€

THAI

Blue Elephant
> S. 140, südwestl. C 4

Speisen in Tropenwald-Kulisse •
Thailändisches Restaurant mit exotischer Einrichtung. Das Publikum
ist interessant, meistens trifft man
Persönlichkeiten aus dem Showbusiness an. Reservierung erforderlich.
Fulham • 3–6 Fulham Broadway,
SW6 • U-Bahn: Fulham Broadway
(b 5) • Tel. 0 20/73 85 65 95 • www.
blueelephant.com/london • tgl. 12–
14.30, Mo–Do 18.30–23, Fr/Sa 18–
23, So 19–22.30 Uhr • €€€

UNGARISCH

Gay Hussar
> S. 143, D 7

Mehr als eine Institution • Verräuchert, holzgetäfelt und mit Karikaturen etlicher Politiker an den Wänden: So sah diese »Oase« für viele
Exil-Ungarn, Journalisten und Literaten schon seit vielen Jahren aus.
Der Charme liegt in der Konstanz,
dazu die unverändert authentische
osteuropäische Küche, die viele traditionelle Fleischgerichte bietet.
Soho • 2 Greek Street, W1 • U-Bahn:
Tottenham Court Road (c 4) • Tel. 0 20/
74 37 09 73 • www.gayhussar.co.uk •
Mo–Sa 12.15–14.30, 17.30–
22.45 Uhr • €€

VEGETARISCH

Food For Thought
> S. 143, E 7

Schmackhaft und einfallsreich •
Eines der beliebtesten vegetarischen
Restaurants in Covent Garden, das
allerdings nur wenige Plätze hat.
Täglich wechselnde Karte.
Covent Garden • 31 Neal Street,
WC2 • U-Bahn: Covent Garden (d 4) •
Tel. 0 20/78 36 90 72 • www.food
forthought-london.co.uk • Mo–Sa
12–20.30, So 12–17.30 Uhr • €

The Gate
> S. 140, südwestl. A 4

Fantasievoll • Vegetarier geraten hier
ins Schwärmen: Die Gerichte überraschen mit Schmackhaftigkeit und
mit ihrer Vielfalt.
Hammersmith • 51 Queen Caroline
Street, W6 • U-Bahn: Hammersmith
(b 4) • Tel. 0 20/87 48 69 32 • www.
thegaterestaurants.com • Mo–Fr 12–
15, 18–22.30, Sa 18–23 Uhr • €

CAFÉS UND TEESTUBEN

Ohne »tea at The Ritz« gehabt zu haben, so hieß es in der guten, alten
Zeit, dürfte man aus London nicht
abfahren.
Wie die Zeiten sich geändert haben:
Tee im Ritz kostet heute £ 40, und
man muss vier bis zwölf Wochen im
Voraus reservieren. In den anderen
großen Hotels ist es nicht anders.
Aber viele Patisserien bieten auch
entspannenden »afternoon tea«, und
deutsche und französische Konditoren laden zum echten Kuchengenuss ein.

Bea's of Bloomsbury
> S. 143, F 6

Süße Köstlichkeiten • Torten, Cupcakes, Brownies, Cookies – alles, was
das Herz begehrt. Große Auswahl
verschiedenster Tee- und Kaffeesorten. Täglich »afternoon tea« (15 £
pro Person) mit einer kleinen Auswahl an Gebäck.
Bloomsbury • 44 Theobald's Road,
WC1 • U-Bahn: Chancery Lane (d 4) •
Tel. 0 20/72 42 83 30 • www.beas
ofbloomsbury.com • Mo–Fr 8–19,
Sa 10–19, So 12–19 Uhr

Fortnum & Mason
> S. 141, F 3

»English Tea« vom Feinsten • Eine
Bastion großer englischer Tradition,
die 1707 begann, als Fortnum & Mason die Tore öffnete. Seitdem sind

Essen und Trinken 29

Gerade frisch renoviert, kommt der viktorianische Charakter des kunstvoll verzierten Pubs The Salisbury (▶ S. 31) noch mehr zur Geltung.

hier »Eleganz, Stil und Entspannung im Sinne der viktorianischen Zeit« das Motto für die Tee-Zeremonie im 4. Stock im St. James's Restaurant. Serviert wird von 14 bis 19 Uhr in Silber-Geschirr, ob Earl-Grey- oder Royal-Blend-Tee. Und dazu gibt's Scones, Erdbeertörtchen, hauchdünne Sandwiches mit Gurke oder Räucherlachs und andere Leckereien.
St. James's • 181 Piccadilly, W1 • U-Bahn: Green Park (c 4) • Tel. 08 45/ 6 02 56 94 • www.fortnumand mason.com • Mo–Sa 12–18.30, So 12–16.30 Uhr

Konditor & Cook ▶ S. 143, F 6
Süßes vom Konditormeister • Deutsche Kuchen hat der in München ausgebildete Gerhard Jenne an die Themse gebracht und damit auf Anhieb viel Erfolg gehabt. Es gibt auch kleine Snacks.
Holborn • 46 Grays Inn Road, WC1 • U-Bahn: Chancery Lane (d 4) • Tel. 0 20/74 04 63 00 • www.konditorand cook.com • Mo–Fr 7.30–18.30 Uhr

Paul ▶ S. 140, C 4
Französische Backkunst • Kuchen und Brot immer frisch, immer in

gleich guter Qualität: Die französische Bäckerei hat mit ihrem »Provence«-Stil eine Lücke geschlossen.
South Kensington • 41 Thurloe Street, SW7 • U-Bahn: South Kensington (c 4) • Tel. 0 20/75 81 60 34 • www.paul-uk.com • Mo–Fr 7–21, Sa/So 8–20 Uhr

Richoux ▶ S. 141, D 4
Gegenüber von Harrods • Dieses Allround-Café besteht schon seit 1909. Neben ausgezeichnetem Kuchen und Backwaren gibt es auch kleine schmackhafte Gerichte.
Knightsbridge • 86 Brompton Road, SW3 • U-Bahn: Knightsbridge (c 4) • Tel. 0 20/75 84 83 00 • www.richoux.co.uk • Mo–Sa 8–23.30, So 9–22.30 Uhr

PUBS
Nach Lockerung der Sperrstunde für Pubs haben sich die **Öffnungszeiten** folgendermaßen eingependelt: Die meisten sind durchgehend von 11–23 Uhr geöffnet, samstags von 12–24 Uhr und sonntags von 12 (oder 12.30) bis 22 Uhr. Es gibt aber auch Pubs, die nach 23 Uhr geöffnet sind.

MERIAN-Tipp

THE GUN ▶ S. 151, östl. F 22
Der »Good Pub Guide« verlieh The Gun die Auszeichnung »Bestes Pub 2010«, und das Pub in den Docklands, mit Blick auf Themse, Dachterrasse und gutem Essen, hat die Auszeichnung verdient.
Docklands • 27 Cold Harbour, E14 • U-Bahn, DLR: Canary Wharf (e 5) • Tel. 0 20/75 15 52 22 • www.thegundocklands.com

---

The Bull's Head ▶ S. 140, westl. A 4
Ideal für Jazz-Freunde • Gilt als ältestes und bestes Jazz-Pub Londons. Wurde 1959 geöffnet, hier an der Themse im idyllischen Barnes. Das viktorianische Gebäude war schon 1684 ein beliebtes Pub, es wurde 1845 renoviert. Pilgerstätte für Jazz-Fans. Und gutes Bier!
Barnes • 373 Lonsdale Road, SW13 • U-Bahn: Hammersmith (b4), dann 209 Bus, Bahn: Barnes Bridge • Tel. 0 20/88 76 52 41 • www.thebullshead.com • tgl. 12–23.30 Uhr • Eintritt £ 10–15 (je nach Band)

Cutty Sark ▶ S. 151, östl. F 24
Maritime Atmosphäre • Alte Fässer und der Blick auf den »Millennium Dome« (jetzt die »O2 Arena«) machen dieses Pub interessant, seit man von hier nicht mehr unmittelbar auf den alten Tee-Klipper gleichen Namens blicken kann. Eines der schönsten Pubs an der Themse im Osten der Stadt.
Greenwich • 4–6 Ballast Quay, Lassell Street, SE10 • DLR-Bahn: Cutty Sark, Greenwich (e 5) • Tel. 0 20/88 58 31 46 • www.cuttysarktavern.co.uk

Dog & Duck ▶ S. 143, D 7
Behaglich • George Orwell trank hier, ihm zu Ehren trägt der Essraum seinen Namen. Das kleine, gemütliche Pub stammt aus dem Jahr 1734. Im Winter brennt im Kamin ein Feuer. Gute Auswahl von Ales.
Soho • 18 Bateman Street, W1 • U-Bahn: Tottenham Court Road (c 4) • Tel. 0 20/74 94 06 97

The Duke's Head
▶ S. 140, südwestl. A 4
Schöne Aussicht • Mit Blick auf die Themse und auf die Ruderer, die

hier trainieren. Ziemlich plüschig, aber mit gewissem Charme. Im Sommer kann man draußen sitzen.
Putney • 8 Lower Richmond Road, SW15 • U-Bahn: Putney Bridge (b 5) • Tel. 0 20/87 88 25 52 • www.dukes headputney.com

Grenadier   ▸ S. 141, E 3

Ehemalige Offiziersmesse • Das rote Wachhäuschen am Eingang zeugt noch von der Vergangenheit des Hauses. Hier becherten einst die Obristen des Herzogs von Wellington nach seinem Sieg über die Franzosen in Waterloo. Bewiesen ist, dass es hier spukt! Wirklich! Ob die exzellente »Bloody Mary« des Hauses etwas damit zu tun hat?
Belgravia • 18 Wilton Row, SW1 • U-Bahn: Hyde Park Corner (c 4) • Tel. 0 20/72 35 30 74

The George   ▸ S. 143, F 7

Des Anwalts Liebling • Das Pub liegt gegenüber dem Gericht, dem Royal-Court of Justice, wo u. a. die »Diana-Untersuchung« stattfand, und wird deshalb oft von Anwälten und Richtern besucht, die zum schnellen Drink über die Straße hierherkommen. Angeblich spukt hier sogar ein Geist. Mit Restaurant.
Embankment • 213 Strand, WC2 • U-Bahn: Temple (d 4) • Tel. 0 20/ 73 53 96 38

Prospect of Whitby   ▸ S. 150, A 21

Alte Schmuggler-Kneipe • Mit 470 Jahren Londons ältestes River-Pub. Es heißt, dass die Sünder am Themse-Ufer vor die Fenster des Pubs gehängt wurden und dass Judge Jeffries, der sie verurteilt hatte, hier genüsslich zu Mittag aß. »Hanging judge« nannte man ihn deshalb.

Wapping • 57 Wapping Wall, E1 • DLR: Shadwell (e 4) • Tel. 0 20/74 81 10 95

The Salisbury ¶¶   ▸ S. 143, E 8

Kinder willkommen • Das ist für ein Pub mitten in London höchst selten. Und für Rollstuhlfahrer ist ebenfalls gesorgt. Essen und Bier (sechs Sorten Ale) sind ausgezeichnet, nicht umsonst erhielt das Pub den »Beautiful Beer Platinum Award«. Hilfsbereites Personal. Die Nähe zu den Theatern des West End ist ideal.
Soho • 90 St. Martin's Lane, WC2 • U-Bahn: Leicester Square (c 4) • Tel. 0 20/78 36 58 63

WEIN- UND COCKTAILBARS

El Vino   ▸ S. 144, A 11

Relikt aus der Fleet-Street-Zeit • Legendäre Kneipe mit guter Weinkarte und kleinen Gerichten. Die sehr spartanische Einrichtung erinnert an die Zeiten, in denen Reporter der großen Blätter hier ihre Schlagzeilen formulierten.
Temple/Holborn • 47 Fleet Street, EC4 • U-Bahn: Blackfriars (d 4) • Tel. 0 20/73 53 67 86 • www.elvino. co.uk • Mo–Fr 8.30–22 Uhr

Gordon's Winebar   ▸ S. 143, E 8

Sekt- oder Weinfrühstück • Gordon's Bar – seit 1890 im Geschäft und mehr Pepp als alle anderen! Da wird zum »Beaujolais Nouveau«-Frühstück oder auch zum Champagner-Brunch eingeladen. Seit Kurzem auch im Freien, romantisch im Grünen: essen, trinken und grillen! Das Speiseangebot ist superb.
Embankment • 47 Villiers Street, WC2 • U-Bahn: Embankment (d 4) • Tel. 0 20/79 30 14 08 • www.gordons winebar.com • Mo–Sa 11–23, So 12–22 Uhr

grüner
reisen

Wer zu Hause umweltbewusst lebt, möchte dies vielleicht auch im Urlaub tun. Mit unseren Empfehlungen im Kapitel grüner reisen wollen wir Ihnen helfen, Ihre »grünen« Ideale an Ihrem Urlaubsort zu verwirklichen und Menschen zu unterstützen, denen ein verantwortungsvoller Umgang mit der Natur am Herzen liegt.

Grünes London

London steht vor einer gewaltigen Herausforderung: dem Jahr 2012. Dem Jahr der Olympischen Spiele. Dem Jahr, in dem Millionen Besucher aus aller Welt zu den »Londoner« Spielen kommen werden. Bürgermeister Boris Johnson sieht das so: »Ich bin fest entschlossen, all' unseren Gästen eine sauberere, weniger (luft-)verpestete – kurz: grünere britische Hauptstadt zu bieten.« Als Beweis dafür plant er, 10 000 Bäume entlang Straßen und Wegen zu pflanzen. Und er baut auf die Hilfe privater Initiativen, wie z. B. der »Soil Association«, die mit Prinz Charles als Schirmherr für ökologisch einwandfreien Grund und Boden eintritt, oder der »Marine Conservation Society«, die die Gewässer schützt. Nicht zu vergessen jedoch die »London Development Agency«, die die knapp 27 Millionen Touristen, die London jedes Jahr besuchen, mit einer grünen Weltstadt belohnen will und mit der Initiative **Green Tourism for London** überraschte. Für besonders ehrgeizige »grüne« Projekte werden sogar Medaillen verliehen: Gold, Silber und Bronze – wie bei Olympischen Spielen.

grüner reisen 33

ÜBERNACHTEN
Apex City of London Hotel
▸ S. 145, D 12

Das Konzept dieses Hotels ist auf Umweltschutz und Nutzung von Sonnen- und Windenergie ausgelegt. Entsprechend sieht auch die Inneneinrichtung aus: modern, praktisch – und doch ist die Atmosphäre einladend und angenehm. Dass man ein sehr konsequentes Recycling-Programm einhält, scheint ganz selbstverständlich. Meinung der Gäste: Man fühlt sich wohl!
Tower Bridge • 1 Seething Lane, EC3 • U-Bahn: Tower Hill (e 4) • Tel. 0 20/ 77 02 20 20 • www.apexhotels.co.uk • 179 Zimmer • €€€€

One Aldwych
▸ S. 143, F 8

Dieses Hotel hat schon viel Lob geerntet und Preise gewonnen: Für den außergewöhnlich guten Service, der geboten wird, für die »grüne« Hotelführung und als Top-Hotel den »Cesar 2008« (benannt nach Cesar Ritz). Das Hotel ist im ehemaligen Pressehaus der »Morning Post« eingerichtet und mit ca. 400 Kunstwerken und Skulpturen wunderschön ausgestattet.
Covent Garden • 1 Aldwych, WC2 • U-Bahn: Temple (d 4) • Tel. 0 20/73 00 10 00 • www.onealdwych.com • 93 Zimmer, 12 Suiten • €€€€ • ♿

Rafayel on the Left Bank
▸ S. 146, westl. A 16

Dies ist das erste wirklich »grüne« Hotel Londons. Es wurde vom Reißbrett, also vom allerersten Moment an, als völlig »grün« geplant. Architekt James Burland hatte eine sehr konkrete Vorstellung, wie dieses moderne, luxuriöse Ökohotel aussehen und funktionieren soll. Es ist im Halbrund, in »Bananenform«, angelegt, sodass alle 65 Zimmer des Hauses zur gleichen Zeit Sonne bekommen und auf die Themse blicken.
Um die »grüne« Philosophie des Hotels umzusetzen, wurde auf die optimale Nutzung der Sonnenenergie, des Regenwassers, den Einsatz von LEDs statt Halogen-Lampen und eine innovative energiesparende Klimaanlage geachtet. Selbst die Minibar ist mit ökologischen Fair-Trade-Produkten bestückt.
Battersea • Falcon Wharf, 34 Lombard Road, SW11 • U-Bahn: Clapham Junction (c 6) • Tel. 0 20/78 01 36 00 • www.hotelrafayel.com • 85 Zimmer • €€€€

The Zetter
▸ Übernachten, S. 17

ESSEN UND TRINKEN
Acorn House
▸ S. 143, F 5

Keine Geringere als »The Times« nannte dieses Restaurant »das wichtigste, das in den letzten 200 Jahren in London eröffnet wurde«. Es werden nur regional angebaute, saisonale Produkte verwendet, Wasser wird vor Ort regeneriert, auf Plastikflaschen wird verzichtet. Auf jedem Tisch liegt symbolhaft der Keim einer Eichel (»acorn«), der zum Einpflanzen gedacht ist.
Die einfachen Gerichte basieren bewusst auf traditionellen Rezepten und sind ebenso nahrhaft wie schmackhaft. Die Gäste können sogar zwischen großen und kleinen Portionen wählen. Chefkoch Arthur Potts Dawson will dadurch vermeiden, dass Essen unnötig verschwendet wird.
King's Cross • 69 Swinton Street, WC1 • U-Bahn: King's Cross (d 3) • Tel. 0 20/78 12 18 42 • www.acorn houserestaurant.co.uk • Mo–Fr 12– 15, 18–22, Sa 18–22 Uhr • €€

Duke of Cambridge
> ▶ S. 144, nördl. B 9

Mutig, mutig! Als die erfahrene Pub-wirtin und Kochbegeisterte Geetie Singh 1998 das erste Bio-Pub im nördlichen Islington aufmachte, wusste sie nicht, ob ihre Gäste mitziehen würden. Denn Geetie war nicht bereit, Zugeständnisse zu machen: ihre »grünen« Ideale sollten hier in die Tat umgesetzt werden. 80 % der Lebensmittel sollten aus den »Home Counties« von heimischen Bauernhöfen und Weingütern stammen und Fisch nur auf den Tisch kommen, wenn dessen Herkunft von der »Marine Conservation Society« abgezeichnet ist. Gerne erzählt sie jetzt, dass oben genannte Ideologie funktionierte. Bis vor knapp zwei Jahren war das Duke of Cambridge das einzige Bio-Pub in London. Über Mangel an loyalen Gästen kann Geetie Singh sich nicht beklagen. Denn ihr erstes Gebot ist nach wie vor »to serve bloody good food«.
Islington • 30 St. Peter's Street, N1 • U-Bahn: Angel (d3) • Tel. 0 20/73 59 30 66 • www.dukeorganic.co.uk • Mo–Sa 12–23, So 12–22.30 Uhr • €€

Daylesford Cafe ▶ S. 141, südl. F 4

Alle Speisen und Gerichte sind 100 % »organic« mit dem Gütestempel der »Soil-Association«. Man hat die Auswahl zwischen Rote-Beete-Suppe, Schinken-Suppe, Makrelen-Paté und Hasen-Salat, sogar Champagner aus bio-dynamischem Anbau steht auf der Karte. An weißen Marmortischen kann man in diesem dreistöckigen Restaurant im Trendviertel Pimlico schicke, erfolgreiche junge Londoner sehen, hier »bourgeois« genannt.
Pimlico • 44 B Pimlico Road, SW1 • U-Bahn: Sloane Square (c4) •

www.daylesfordorganic.com • Mo–Sa 8–19, So 10–16 Uhr

The Rainforest Cafe ♟♟
> ▶ Familientipps, S. 62

EINKAUFEN
Maggie and Tom ▶ S. 140, westl. A 2

Dieses Geschäft ist Babys und Krabbelkindern gewidmet. Es werden nur Stoffe und Fasern, die nicht chemisch bearbeitet wurden, für die kleinen Strampler verwendet. Auf zwei Etagen kann man in einem unerwartet großen, vielseitigen Angebot wühlen.
Notting Hill • 5 Elgin Crescent, W11 • U-Bahn: Notting Hill (c 4) • www.greenbaby.com

Neal's Yard Remedies ▶ S. 143, E 7

Zwischen Monmouth Street, Long Acre und Endel Street liegt der kleine Innenhof Neal's Yard, den Verfechter gesunder Lebensweise schon lange als Geheimtipp für organische Lebensmittel wie Käse, hausgebackenes Brot, Kuchen, Salate, Gemüse und »Farmhouse Yogurts« betrachten. Kleine Cafés neben Kunstgalerien und Bistros geben diesem abgeschiedenen Platz einen Touch von Bohème. Und eine Gelegenheit, alternative Londoner kennenzulernen.
Covent Garden • 15 Neal's Yard, WC2 • U-Bahn: Covent Garden (d4) • www.nealsyardremedies.com • tgl. 10–19, Do bis 19.30, So 11–18 Uhr

The Organic Pharmacy
> ▶ S. 141, südwestl. E 4

In der King's Road machten Margo und Francesco Marrone 2002 dieses Geschäft auf, das bis heute die angeblich »einzige Pharmacy der Welt« ist, die ausschließlich Bio-Arzneimittel und Wellness-Produkte verkauft. Dazu

grüner reisen

Mit zwei Restaurants und einer schönen Lobby Bar kann das One Aldwych (▶ S. 33) aufwarten. Außerdem ist das Hotel schon mehrfach ausgezeichnet worden.

gehören sowohl homöopathische Mittel als auch Öle und Hautpflegeprodukte aus eigener Herstellung.
Chelsea • 396 King's Road, SW10 • U-Bahn: Sloane Square (c 4) • www.theorganicpharmacy.com

Terra Plana ▶ S. 143, E 7
Verblüffend schicke Schuhe und Sandalen in knalligen Farben und aus Bio-Materialien.
Covent Garden • 64 Neal Street, WC2 • U-Bahn: Covent Garden (d 4) • www.terraplana.com

FAMILIENTIPPS
London Wetland Centre
▶ S. 140, südwestl. A 4

Nur etwa 7 km vom Londoner Stadtkern entfernt kommt man in dieses einmalige Vogel-Natur-Paradies am Ufer der Themse, in dem rund 150 seltene Vogelarten eine Oase gefunden haben. Inspiriert von dem englischen Ornithologen Sir Peter Scott wurden hier 1989 über 42 ha Sumpfgebiet mit 27 000 Bäumen, Teichen und Hunderttausenden von Wasserpflanzen, Schilf und Seegras zum Nist- und Brutplatz von Reihern, Schwänen, Eisvögeln und zahllosen seltenen Vögeln, die dann Schmetterlinge, Libellen und Insekten nach sich zogen. Inzwischen besuchen Tausende dieses Idyll. Auf erhöhten Aussichtsplattformen kann man in Ruhe die Tiere beobachten, ohne sie zu stören. Ein Café, Kinderspielplatz, Besucherzentrum und Shop ergänzen das Ausflugsziel.
Queen Elizabeth's Walk, Barnes, SW13 • U-Bahn: Hammersmith (b 4), Bus 72 • www.wwt.org.uk • tgl. 9.30–17 Uhr • Eintritt £ 10,55, Kinder £ 5,85

Einkaufen
Edle Kaufhäuser, Antikmärkte und Mode von klassisch bis schrill oder Flohmärkte gilt es zu entdecken, wie den Brixton Market, der sogar seine eigene Währung hat: das Brixton Pfund!

◀ Immer noch Londons berühmtestes Kaufhaus: Harrods (▶ S. 40, 41) in der Brompton Road.

Was steht wohl obenan auf Ihrer Shopping-Liste bei Ihrem ersten London-Trip? Antiquitäten? Der echte Burberry? Eine Barbour-Jacke? Das Neueste aus der In-Boutique Topshop? Und am liebsten noch die grün-goldene Harrods-Einkaufstüte, als (kleines) Statussymbol?

»Shop 'til you drop«

»Einkaufen bis zum Umfallen« nennt man in England den Kaufrausch, dem man dank des ungeheuren Überangebots leicht zum Opfer fällt. Denn London bietet viel! Ob original Tweed aus Schottland, Pringle-Lambswool- und Kaschmir-Pullover oder Poppig-Ausgefallenes aus der King's Road: überall Verlockungen ohne Ende!

Ladenschlusszeiten?

Außerdem schläft die Geschäftswelt dieser Riesenstadt scheinbar kaum: Samstag? Sonntag? Gibt's die überhaupt? Für die Londoner ist es fast selbstverständlich, überall und immer einkaufen zu können. Denn manche Supermärkte sind tatsächlich rund um die Uhr offen: »24/7 – twenty-four seven«, wie man sagt. Nachts Brot und Käse kaufen und in den Frühausgaben der Zeitungen blättern – herrlich! In den bekannten Einkaufsstraßen, wie Oxford Street, Knightsbridge, Regent Street, Sloane Street, King's Road, Kensington High Street, Bond Street, Beauchamp Place oder Jermyn Street, öffnen die Geschäfte morgens zwischen 9 und 9.30 Uhr und haben abends bis mindestens 18 oder 20 Uhr geöffnet.

Londons Antiquitätenmärkte haben dagegen ihre eigenen Regeln: Da sie meistens an Wochenenden ihre Buden und Stände aufstellen, variieren die Öffnungszeiten ziemlich. Antiquitätenläden »ballen« sich in der New King's Road/King's Road, Upper Street in Islington und im vornehmen St. James's, in der Jermyn Street. Es lohnt sich auch, die Kensington Church Street abzuklappern.

Einkaufen mit Tradition

Eine echte Entdeckung sind Londons traditionelle Einkaufsarkaden, wie etwa die frisch renovierte **Burlington Arcade**, 1819 von Lord Cavendish erbaut. Kleine, sehr gediegene Läden finden sich hier, alles Mahagoni und teures Glas, lauter Kleinode. Und ihre eigenen Bewacher haben sie auch heute noch. Die »Beadles« in ihrer traditionellen Uniform patrouillieren wie damals.

ANTIQUITÄTEN
Alfies Antique Market
▶ S. 140, nördl. C 1

Soll mit über 370 Ständen Englands größter Markt sein: Hier findet man alte Grammofone und Platten, Zinnware, Spielzeug, Postkarten und billigen Nippes.
Marylebone • 13–25 Church Street, NW8 • U-Bahn: Marylebone (c 3) • www.alfiesantiques.com • Di–Sa 10–18 Uhr

Camden Passage Market
▶ S. 144, nördl. A 9

Einer der schönsten und vielfältigsten Märkte schlängelt sich durch enge Gässchen, aber auch Gebäude mit Ständen in Islington. Nicht ganz billig, dafür sehr interessant.

Islington • Upper Street, N1 • U-Bahn: Angel (d 3) • www.camdenpassage islington.co.uk • Mi 9–16, Sa 8–16 Uhr

Grays Antique Market ▶ S. 141, F 1

200 Händler bieten hier, in zwei enormen viktorianischen Gebäuden, ihre Ware an – die von Waffen über schöne, alte Gobelins, Lederkoffer, Porzellan bis zu Schmuck und Trödel reicht.
Mayfair • 58 Davies Street und 1–7 Davies Mews, W1 • U-Bahn: Bond Street (c 4) • www.graysantiques. com • Mo–Fr 10–18, Sa 11–17 Uhr

Rupert Cavendish Antiques
▶ S. 140, südl. A 4

Sehr schöne Biedermeier-Möbel und seltene Einzelstücke in Birke. Etwas für Sammler.
Fulham • 610 New King's Road, SW6 • U-Bahn: Fulham Broadway (b 5) • www.rupertcavendish.co.uk • Mo–Sa 10–18 Uhr

BÜCHER
Books for Cooks ▶ S. 140, westl. A 1

Ein Traum für (Amateur-)Köche und Gourmets, die hier Kochbücher in allen Sprachen finden.
Notting Hill • 4 Blenheim Crescent, W11 • U-Bahn: Ladbroke Grove (b 3) • www.booksforcooks.com • Di–Sa 10–18 Uhr

The Cinema Store ▶ S. 143, E 8

Ist auf alles Geschriebene rund um Film und Kino spezialisiert.
Covent Garden • 4b Orion House, Upper St. Martin's Lane, WC2 • U-Bahn: Leicester Square (c 4) • www.thecinemastore.co.uk • Mo–Sa 10–18.30, So 12–18 Uhr

Foyles ▶ S. 143, D 7

Die ehemals größte und chaotischste Buchhandlung der Welt ist ein Muss für Leseratten. Hier gibt's alte Titel, die es sonst nirgends mehr gibt.
Soho • 113–119 Charing Cross Road, WC2 • U-Bahn: Tottenham Court Road (c 4) • www.foyles.co.uk • Mo–Sa 9.30–21, So 12–18 Uhr

Hatchards ▶ S. 142, C 8

Die traditionsreichste Buchhandlung im West End liegt neben Fortnum & Mason und besteht seit 1797.
Piccadilly • 187 Piccadilly, W1 • U-Bahn: Piccadilly Circus (c 4) • www.hatchards.co.uk • Mo–Sa 9.30–19, So 12–18 Uhr

Travel Bookshop
▶ S. 140, westl. A 2

Im Film »Notting Hill« lernte Buchhändler Hugh Grant in diesem Ge-

---

MERIAN-Tipp

WATERSTONE'S ▶ S. 142, C 8

Europas größter Buchladen mit vielen Filialen in allen Stadtteilen. In Piccadilly befindet sich die größte, sechsstöckige Filiale mit Büchern aller Art, einer Internet-Ecke, den neuesten Zeitungen und Zeitschriften sowie Snackbars und Restaurants. Hier kann man genüsslich in den neu erworbenen Werken schmökern. So macht Stöbern und Bücherkaufen richtig Spaß!
Piccadilly • 203–206 Piccadilly, W1 • U-Bahn: Piccadilly Circus (c 4) • www.waterstones.com • Mo–Sa 9–22, So 11.30–18 Uhr

Einkaufen 39

Fällt auf im Stadtbild Londons: die Tudor-Fassade des Kaufhauses Liberty (▶ S. 40), das vor allem für seine Stoffdrucke aus Blumenmustern bekannt ist.

schäft Julia Roberts kennen. Sehr gute Auswahl an Reiseliteratur.
Notting Hill • 13–15 Blenheim Crescent, W11 • U-Bahn: Ladbroke Grove (b 3) • www.thetravelbookshop.com • Mo–Sa 10–18, So 12–17 Uhr

GESCHENKE

Alfred Dunhill Ltd. ▶ S. 142, C 8

Der Name Dunhill steht wie kein anderer für stilsichere, traditionelle Eleganz englischer Gentlemen: Manschettenknöpfe, Krawatten und Pfeifen findet man hier und vieles mehr. Auch edle Herrenmode vom Blazer bis zum Schal.
St. James's • 48 Jermyn Street, SW1 • U-Bahn: Green Park (d 4) • www.dunhill.com

Anthropologie ▶ S. 142, C 8

Das amerikanische Kultkaufhaus, das Einzige in Europa, kam im Oktober 2009 nach London. Sie finden romantische Mode, sehr Kurioses in Keramik und Porzellan oder Leinen und anderes im Stil der Prärie.
Mayfair • 158 Regent Street, W1 • U-Bahn: Oxford Circus (c 4) • www.anthropologie.com

Paperchase ▶ S. 143, E 8

Bekannt für seine ungewöhnlichen Geschenke und Mitbringsel: Poster, Boxen, Mobiles, Taschen, Weltkugeln.
Covent Garden • 13 The Piazza • U-Bahn: Covent Garden (d 4) • www.paperchase.co.uk

Penhaligon's ▶ S. 143, E 8

Seit 1870 Hoflieferant und Hersteller sehr persönlicher Duftwässer und Parfums, typisch englisch-dezenter »toiletries« (Seifen, Rasierwässer) für Sie und Ihn. Dazu kost-

bare Accessoires in Lederetuis und Silber sowie Elfenbein-Verzierung. Für Kunden mit Status.
Covent Garden • 41 Wellington Street, WC2 • U-Bahn: Covent Garden (d 4) • www.penhaligons.co.uk

V & A Museum Shop ► S. 140, C 4

Wirklich aparte Geschenke kann man in allen Museums-Shops finden. Oft angepasst an momentan laufende Ausstellungen: Seidenschals, Silberschmuck, Bilder, Poster, Bücher und auch Spielzeug.
Knightsbridge • Victoria & Albert Museum, Cromwell Road, SW7 • U-Bahn: South Kensington (c 4) • www.vandashop.com

KAUFHÄUSER

Fortnum & Mason ► S. 142, C 8

Seit 1734 Nobel-Kaufhaus für Luxusgüter jeglicher Art, von Mode, Schmuck, Ledersachen bis zu Gourmetdelikatessen. Berühmt sind die Geschenk-Picknickkörbe. Essen im Fountain Restaurant.
Piccadilly • 181 Piccadilly, W1 • U-Bahn: Piccadilly Circus (c 4) • www.fortnumandmason.com • Mo–Sa 10–20, So 12–18 Uhr

Harrods 🔴 ► S. 141, D/E 4

Ob Ledertaschen, Möbel, Geschirr, Bücher, Spielzeug, Top-Designer-Mode, Schmuck, Geschenkartikel, Bett- und Tischwäsche oder Haustiere. Mit 22 Cafés, Restaurants und einer Bank im Haus.
Knightsbridge • 87–135 Brompton Road, SW1 • U-Bahn: Knightsbridge (c 4) • www.harrods.com

Harvey Nichols ► S. 141, E 3

Kaufhaus auf sehr gehobenem Niveau, 1813 gegründet und einst Prinzessin Diana's liebste Einkaufsstätte. Auf fünf Etagen findet man Schickes aus aller Welt. Und im 5. Stock gibt es ein Gourmet-Restaurant mit Dachterrasse.
Knightsbridge • 109–125 Knightsbridge, SW1 • U-Bahn: Knightsbridge (c 4) • www.harveynichols.com

Liberty ► S. 142, C 7

Berühmt ist das 1875 gegründete Haus mit Tudorfassade für seine schönen Stoffe, die »Liberty Prints«. Außerdem begeistern wunderschöne asiatisch-orientalische Glaswaren, Geschirr, Silber und antiquarischer Schmuck.
Soho • Great Marlborough Street, W1 • U-Bahn: Oxford Circus (c 4) • www.liberty.co.uk • Mo–Sa 10–21, So 12–18 Uhr

Marks & Spencer ► S. 142, C 7

Enorm niedrige Preise für exzellente Qualität. Die M & S-Unterwäsche hat viele berühmte Fans!
West End • 173 und 458 Oxford Street, W1 • U-Bahn: Bond Street (c 4) • www.marksandspencer.com • Mo–Fr 9–21, Sa 9–20, So 12–18 Uhr

Selfridges ► S. 141, F 1

Ist zum gigantischen internationalen Kaufhaus geworden, wo kein Wunsch offen bleibt und sogar Prinz William Schmuck kauft.
West End • 400 Oxford Street, W1 • U-Bahn: Bond Street (c 4) • www. selfridges.com • tgl. 9.30–21, So 12–18 Uhr

Westfield London
► S. 140, westl. A 2

Riesiges Einkaufszentrum mit über 300 Shops und 50 Restaurants, das Super-Luxus verspricht.

Einkaufen 41

Auf sechs Etagen verteilen sich die Abteilungen im Nobel-Kaufhaus Fortnum & Mason (▶ S. 40). Hier gibt es erlesene Lebensmittel und Delikatessen zu kaufen.

White City • Wood Lane, W12 • U-Bahn: Wood Lane (b 4) • http://uk.westfield.com/london • Mo–Fr 10–21, Sa 9–21, So 12–18 Uhr • Restaurants: Mo–Sa 9–24 Uhr

KINDER

Alle Kaufhäuser haben exzellente Kinderabteilungen für Kleidung und Spielzeug – und auch Spielecken.

Early Learning Centre
▶ S. 140, westl. A 4

Sehr sinnvolles, oft simples Spielzeug für jedes Alter. Auch Bücher.
Kensington • 174 Kensington High Street, W 8 • U-Bahn: High Street Kensington (b 4)

Hamleys
▶ S. 142, C 8

Auf sieben Etagen kann man hier Kindheitsträume erfüllen. Dieses riesige Geschäft ist wie eine Reise ins Spielzeugland.

Mayfair • 188–196 Regent Street, W1 • U-Bahn: Oxford Circus (c 4) • www.hamleys.com

LEBENSMITTEL
Harrods Food Halls
▶ S. 141, D/E 4

Dies Übermaß an Fleisch, Fisch, Geflügel, Wein, Kuchen und sonstigen Delikatessen in den herrlichen gekachelten Hallen sollte man sich wirklich nicht entgehen lassen.
Knightsbridge • 87–135 Brompton Road, SW1 • U-Bahn: Knightsbridge (c 4) • www.harrods.com

Paxton and Whitfield ▶ S. 142, C 8

»Ein Gentleman kauft seinen Käse nur bei Paxton & Whitfield«, meinte bereits Premierminister Winston Churchill. Mit 300 Käsesorten – darunter »Baby Stilton« und »Cheshire truckles« neben Pork Pies sowie Pickles – bietet dieses im Jahr 1830

gegründete Spezialgeschäft immer noch Top-Qualitätsware.
St. James's • 93 Jermyn Street, SW1 • U-Bahn: Piccadilly Circus (c 4) • www.paxtonandwhitfield.co.uk

Ein Dorado für Feinschmecker: der Borough Market (▶ MERIAN-Tipp, S. 43).

MÄRKTE
Bermondsey Antiques Market
▶ S. 149, D 18

Ein Händler-Markt, deshalb früh dort sein (4 Uhr) für die besten Schnäppchen. Im Morgengrauen wird im Flüsterton gefeilscht: alte Ledersachen, Geschirr, schöne Kleinmöbel, Schmuck, Bilder. Um 9 Uhr sind die besten Stücke schon weg.
Southwark • Ecke Long Lane/Bermondsey Street, SE1 • U-Bahn: London Bridge (d 5) • Fr 4–13 Uhr

Berwick Street Market
▶ S. 143, D 7

Typischer Londoner Straßenmarkt in Soho, für gutes Obst und Gemüse, aus vielen Ländern. Daneben auch Bekleidung und Ledersachen.
Soho • Berwick Street, W1 • U-Bahn: Oxford Circus (c 4) • Mo–Sa 9–18 Uhr

Brixton Market ▶ S. 147, südl. F 16

Herrliche Auswahl afro-karibischer Lebensmittel, wie Ziegenkäse und gesalzener Fisch (am besten in der alten Granville Row). Auch Secondhand-Kleidung und alte Platten. Dieser Markt hat seit 2009 seine eigene Währung, das »Brixton Pound«.
Brixton • Electric Ave, SW9 • U-Bahn: Brixton (d 6) • www.brixton market.net • Mo, Di, Do–Sa 8–18, Mi 8–15 Uhr

Camden Lock Market
▶ S. 143, nördl. D 5

Moderner Kunsthandwerk- und Trödelmarkt, auf dem man Platten, Bücher, Secondhand-Kleidung und selbst gemachten Silber- und Perlenschmuck findet. Idyllisch entlang dem Regent Kanal gelegen.
Chalk Farm • Chalk Farm Road, NW1 • U-Bahn: Camden Town (d 2) • www.camdenlockmarket.com • tgl. 10–18 Uhr

Portobello Market
▶ S. 140, westl. A 1

Londons berühmtester Antiquitätenmarkt, seit 1870 Anziehungspunkt für Besucher aus aller Welt. Ob Sie antikes Geschirr, Silber (ganze Bestecke), alte Stiche, Pistolen, Stoffe oder Kuriositäten suchen: Hier können Sie Glück haben.
Notting Hill • Portobello Road, W11 • U-Bahn: Notting Hill Gate (c 4) • www.portobellomarket.org • Haupttag: Sa 8–18.30 Uhr

Einkaufen 43

Spitalfields ▶ S. 145, E 10

Der Markt im neu-schicken Stadtteil Shoreditch überzeugt durch eine herrliche Vielfalt – von Kunst und Kleidung bis hin zu alten Postern und Büchern. Sonntags gibt es Bio-Lebensmittel und Kunsthandwerk.
Shoreditch • Brushfield Street, E1 • U-Bahn: Liverpool Street (e 3) • www.spitalfields.co.uk • Di–Fr 10–16, So 9–17 Uhr

MODE

Aquascutum ▶ S. 143, D 8

Sportlich-elegante Mode mit dem typisch englischen klassischen Touch – für Sie und Ihn.
Mayfair • 100 Regent Street, W1 • U-Bahn: Picadilly Circus (c 4) • www.aquascutum.co.uk

Barbour ▶ S. 140, südl. C 4

Die unverkennbar englische »Outdoor«-Mode mit Statuscharakter: Jacken, Mäntel, gesteppte Westen.
Chelsea • 123 Sydney Street, SW3 • U-Bahn: South Kensington (c 4) • www.barbour.com

Burberry ▶ S. 142, C 8

Der Name für Regenmäntel, Schals, Hüte und Handtaschen im berühmten Karo-Muster. Die moderne Linie »Prorsum« gilt jungen Kunden.
Mayfair • 157–167 Regent Street, W1 • U-Bahn: Oxford Circus (c 4) • www.burberry.com

Fenwick ▶ S. 141, F 1

Sehr schicke Damen-Mode, dem Trend immer einen Schritt voraus. Auf fünf Etagen, außer Mode auch Kosmetik und Lederwaren.
Mayfair • 63 New Bond Street, W1 • U-Bahn: Bond Street (c 4) • www.fenwick.co.uk

Gieves & Hawkes ▶ S. 142, C 8

Kleidung für Gentlemen, sogar Prinz Charles lässt hier schneidern. Beste Qualität, die selbstverständlich ihren Preis hat.
Mayfair • 1 Savile Row, W1 • U-Bahn: Piccadilly Circus (c 4) • www.gievesandhawkes.com

Joseph ▶ S. 141, D 4

Edel in Materialien und Schnitt mit eigener Kollektion junger Designer, Trendsetter, nicht ganz billig!
Chelsea • 77 Fulham Road, SW3 • U-Bahn: South Kensington (c 4) • www.joseph.co.uk

Lock & Co ▶ S. 142, C 8

In dem bescheidenen Haus residieren seit 1676 die besten Hutmacher der Welt. Das Kundenbuch liest sich wie ein »Who's Who« der letzten Jahrhunderte.

MERIAN-Tipp

BOROUGH MARKET
▶ S. 148, C 17

Londons ältester und bester Lebensmittelmarkt begann im Mittelalter und zog 1756 unter die Eisenbahnbrücken. Heute sieht man dort Top-Köche und Gourmets zwischen den köstlichen Angeboten an Käse, Fleisch, Kuchen, Bio-Broten, Schokoladen und vielem mehr stöbern. Die Markthallen wurden kürzlich zur »top tourist attraction« gewählt.
Southwark • 8 Southwark Street, SE1 • U-Bahn: London Bridge (d 5) • www.boroughmarket.org.uk • Do 11–17, Fr 12–18, Sa 8–17 Uhr

44 ZU GAST IN LONDON

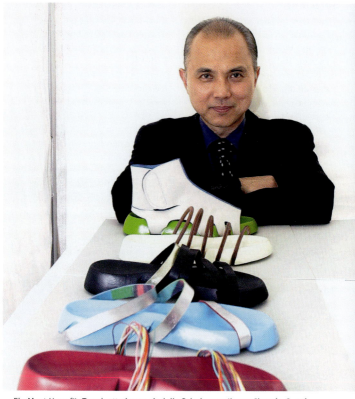

Ein Must-Have für Trendsetterinnen sind die Schuhe von Jimmy Choo (▶ S. 45). Der Designer wurde 2003 sogar von der Queen ausgezeichnet.

St. James's • 6 St. James's Street, SW1 • U-Bahn: Green Park (c 4) • www.lockhatters.co.uk

Stella McCartney ▶ S. 142, C 8
Die Tochter von Paul McCartney hat mit ihrem sehr femininen Stil schnell ihre Bewunderer gefunden. Verwendet nur teure Naturtextilien, das bedeutet auch kein Leder bei Schuhen, Taschen und Gürteln.
Mayfair • 30 Bruton Street, W1 • U-Bahn: Bond Street (c 4) • www.stellamccartney.com

Topshop ▶ S. 142, C 7
Trendige Mode zu sehr erschwinglichen Preisen.
West End • 36–38 Great Castle Street, W1 • U-Bahn: Oxford Circus (c 3) • www.topshop.com

Turnbull & Asser ▶ S. 142, C 8
Weltberühmt für die klassischen Hemden aus Baumwolle und Popeline. Exklusive Adresse.
St. James's • 71–72 Jermyn Street, SW1 • U-Bahn: Green Park (c 4) • www.turnbullandasser.com

Einkaufen   45

Virginia Bates Vintage
▶ S. 142, westl. A 2

Wer antike Stoffe oder Kleider aus alter Spitze, Satin und Seide sucht, wird sich in die »Schatz-Truhe« der exzentrischen Virginia verlieben.
Holland Park • 98 Portland Road, W11 • U-Bahn: Holland Park (b 4) • Mo–Sa 11–18 Uhr (nur nach Voranmeldung: Tel. 0 20/77 27 99 08)

Vivienne Westwood   ▶ S. 142, C 8

Immer noch Englands exzentrischste Modedesignerin. Fundgrube für witzige und schrille Kleidungsstücke.
Mayfair • 44 Conduit Street, W1 • U-Bahn: Oxford Circus (c 4) • www.viviennewestwood.co.uk

PORZELLAN/KERAMIK
Peter Jones   ▶ S. 146, A 15

Dieses große Kaufhaus am Sloane Square hat eine sehr große Auswahl an Geschirr (klassische englische Marken), Glas und Bestecken.
Chelsea • Sloane Square, SW1 • U-Bahn: Sloane Square (c 4) • www.peterjones.co.uk

Thomas Goode   ▶ S. 142, B 8

Das Geschäft für edles Geschirr aller bekannten (internationalen) Marken in London sowie Bestecke, Gläser und Tischwäsche.
Mayfair • 19 South Audley Street, W1 • U-Bahn: Bond Street (c 4) • www.thomasgoode.com

SCHMUCK
Butler & Wilson
▶ S. 140, südwestl. C 4

Der Fantasie sind hier keine Grenzen gesetzt. Die Designer bringen immer wieder verblüffende Neuschöpfungen raus. Viele sind heute Klassiker.

Chelsea • 189 Fulham Road, SW3 • U-Bahn: South Kensington (c 4) • www.butlerandwilson.co.uk

electrum   ▶ S. 142, B 7

Wunderbar fantasievoller Schmuck, zum Teil mit wertvollen Steinen.
Mayfair • 21 South Molton Street, W1 • U-Bahn: Bond Street (c 4) • www.electrumgallery.co.uk

Hatton Garden   ▶ S. 144, A 10

Die historische Straße des Goldes (und der Diamanten): Die Auswahl an modernem und antiquarischem Schmuck ist atemberaubend. Wunderschön: Verlobungsringe.
Holborn • Hatton Garden, EC1 • U-Bahn: Chancery Lane, Holborn (d 3/4) • www.hatton-garden.net

SCHUHE
Jimmy Choo   ▶ S. 141, E 4

Jimmy Choo hat Schuhe in Kunstwerke verwandelt, mit schier endlos-fantasievollen Designs aus sehr edlem Material.
Knightsbridge • 32 Sloane Street, SW1 • U-Bahn: Knightsbridge (c 4) • www.jimmychoo.com

WÄSCHE
Agent Provocateur   ▶ S. 141, E 4

Die äußerst sexy Kreationen von Vivienne-Westwood-Sohn Joe Corre haben inzwischen so etwas wie Kult-Status angenommen.
Knightsbridge • 16 Pont Street, SW1 • U-Bahn: Knightsbridge (c 4) • www.agentprovocateur.com

ZEITUNGEN/ZEITSCHRIFTEN
A Moroni & Son   ▶ S. 143, D 8

Große internationale Auswahl.
Soho • 68 Old Compton Street, W1 • U-Bahn: Leicester Square (c 4)

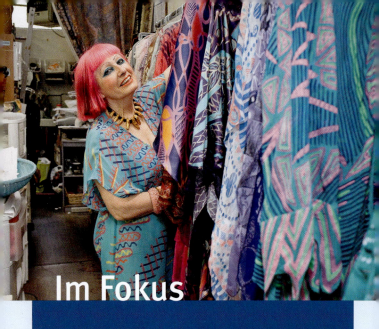

Im Fokus

London und die Mode
Wo junge Designer alte Traditionsmarken zu neuem Leben erwecken und Topmodel Kate Moss inzwischen selbst Mode macht.

London und die Mode ... das waren früher Trenchcoats von Burberry, echte Pringle-Pullover und klassische Tweed-Jacketts. Und vielleicht noch ein Schottenrock. Ja, das war's, bis in den 60er-Jahren die junge Modedesignerin Mary Quant eine Schere nahm und ihre Röcke radikal stutzte. Säume saßen jetzt weit überm Knie: Der Mini-Rock war geboren! Und sorgte weltweit für eine Sensation. Eine Modesensation! Swinging London begeisterte die Welt.

Von Paris, der damals unumstrittenen Metropole für Eleganz und Mode-Schick, blickten die Haute Couturiers, die Diors, Chanels und andere amüsiert über den Kanal, taten das Getöse um die Mini-Mode als »crazy« ab. Sahen da keine Konkurrenz. Wie man sich täuschen kann, denn Mary Quant bahnte den Weg für andere Talente, wie Zandra Rhodes, die die verrücktesten Bühnenklamotten für Freddy Mercury oder Adam Ant schuf. Und vor allem Vivienne Westwood, unheimlich kreativ. Mit ihr bekamen die Punks ein Gesicht. Und ihr Stil – frech, frivol, provozierend – ist aus der Londoner Modegeschichte nicht wegzudenken. Und nicht zu vergessen: BIBA, die mit ihrem sehr individuellen Stil die High Street Kensington beherrschte. Bis 1975 alles zu Ende war. Jetzt ist sie wieder da! Veredelt, verfeinert. Aber unverkennbar: BIBA!

◄ Vorreiterin der internationalen Modeszene: die Designerin Zandra Rhodes.

Die heutige Modeszene wird von Namen wie Stella McCartney, Alexander McQueen, Julien McDonald oder Matthew Williamson und Phoebe Philo beherrscht, um nur einige zu nennen. Londons Design-Colleges, wie die »Central St. Martin's School for Art und Design«, spucken heute pro Jahr mehr hoch talentierten Nachwuchs aus, als London unterbringen kann. Und so stehen die Modehäuser aus Paris, die die Londoner Szene einst so schrecklich amüsant fanden, Schlange, um die besten, jungen, Erfolg versprechenden Kreativen gleich nach Abschluss zu verpflichten.

Was London zu bieten hat, wird zweimal pro Jahr bei den »London Fashion Weeks« gezeigt, jeweils im Februar und September. Und da sprudelt es oft von unerwarteten neuen Namen. Die »Times« schrieb: »Das Spannende an der London Fashion Week ist, dass sie so total unberechenbar ist. Alles kann passieren.«

Natürlich weiß der echte Modefan, dass es mit schicker Garderobe allein nicht getan ist. Nein, Accessoires müssen her, denn ohne die »richtige« Handtasche, Sonnenbrille – und vor allem Schuhe – ist die Frau von Welt und Geld »nackt«. Aber das kann teuer werden. Wenn man bedenkt, dass z. B. Handtaschen von Chloé – wie teure Kunstwerke – nur in begrenzter Auflage angefertigt werden, steigert das natürlich die »Muss-ich-unbedingt-haben«-Manie.

Londons Mode-Meilen

Als teure Einkaufsstraßen für Mode gelten in London die herrliche Sloane Street bis runter zum Sloane Square.

New Bond Street und Regent Street konkurrieren mit Knightsbridge. Preiswerter sind die High Street Kensington und Oxford Street. Doch preisgünstig ist »in«: Topshop, Gap oder Next ziehen die junge Londonerin an, die gern »trendy« ist. Und plötzlich zählt noch ein Name: Reiss, wo die moderne, junge Frau von Prinz William sich einkleidet.

Kate-Moss-Designs

Vom Catwalk ins Modestudio – diesen Sprung schaffte 2007 Topmodel Kate Moss, als sie für Topshop, die Boutique der jungen Kundinnen, ihre erste Kollektion mit einem Riesenerfolg herausbrachte. Sehr schick, sehr preiswert, sehr »hot«, so sieht Kates Mode aus. In Zeiten der Finanzkrise genau das Richtige. Nach 14 Kollektionen hörte sie allerdings auf.

Aber wo bleiben da die alten Namen, Burberry, Pringle und andere? Sind die traditionellen Klassiker schmollend auf ihren Karos und Pringle-Rauten sitzen geblieben?

Absolutely not! Wie lebendig eine alte Traditionsmarke sein kann, bewiesen Burberry. Man holte den hoch talentierten Christopher Bailey, der vorher bei Donna Karan in New York und bei Gucci in Mailand gearbeitet hatte, an die Themse. Er schuf eine ganz neue, elegante Linie: »Prorsum« (lateinisch: vorwärts). Ein Treffer!

London ist als Stadt der Mode tonangebend, voller Kreativität und erfindet sich immer wieder neu, wie jetzt auf der King's Road, wo man heute schon die Trends von morgen findet. Doch Qualität hat ihren Platz, etwa bei Butler & Wilson mit hinreißend fantasievollem Modeschmuck oder Harvey Nichols, wo Modeträume auf fünf Stockwerken wahr werden. Happy Shopping!

Am Abend
Londons Nachtleben wartet mit einem großen Angebot auf. Pubs, trendige Bars und Jazzclubs wollen entdeckt werden, Fans der klassischen Muse freuen sich über das Theater- und Konzertprogramm.

◄ In Londons West End (► S. 49) reiht sich ein Theater an das andere.

Londons Theater und vor allem die Musicals inspirieren Bühnen in aller Welt. Große (Hollywood-)Stars reißen sich um einen Auftritt im Londoner **West End**, dem »Theaterland« der Hauptstadt. Die Spannweite reicht von Shakespeare bis Andrew Lloyd Webber, von Macbeth bis Mamma Mia, von Mozart bis Duke Ellington. London bietet an einem einzigen Abend Jazz im Pub, Kammermusik in der Wigmour Hall oder Oper, Ballett, Kino, Rock- und Pop-Konzerte im Hammersmith Apollo, der O2-Arena oder im riesigen Wembley Stadium. Natürlich kann man auch »nur« in eine der angesagten Discos gehen oder ein Glas Wein in einer eleganten Bar eines der großen Hotels trinken. Bliebe nach Mitternacht noch der Besuch eines Stripclubs oder einer »Lapdance«-Bar. Warum auch nicht?

BALLETT

London Coliseum ► S. 143, E 8

Im Coliseum ist das English National Ballet zu Hause. Sein Repertoire ist dem des Royal Ballet sehr ähnlich, neigt vielleicht mehr zu publikumswirksamen Produktionen.
Trafalgar Square • St. Martin's Lane, WC2 • U-Bahn: Leicester Square (c 4) • Tel. 08 71/9 11 02 00 • www.ballet. org.uk

Royal Opera House
► S. 143, E 7/8

Heimat des **Royal Ballet** und Bühne für ausländische Ballette, wenn sie in London gastieren. Für die klassischen Aufführungen muss man rechtzeitig im Voraus buchen.

Covent Garden • Bow Street, WC2 • U-Bahn: Covent Garden (d 4) • Tel. 0 20/73 04 40 00 • www.roh.org.uk

Sadler's Wells ► S. 144, A 9

Modernes Ballett wird seit Jahren von dieser Gruppe gefördert, und sie holt große zeitgenössische Choreografien aus New York und den Niederlanden nach London. Im neuen **Peacock Theatre** hat die Gruppe auch eine Heimat im West End.
Clerkenwell • Rosebery Avenue, EC1 • U-Bahn: Angel (d 3) • Tel. 08 44/4 12 43 00 • www.sadlerswells.com

BARS

American Bar ► S. 143, E 8

Raffiniert gemixte Cocktails! Zwei Bars im teuer renovierten Savoy Hotel bieten eine große Auswahl toller Drinks.
Covent Garden • Savoy Hotel, Strand, WC2 • U-Bahn: Charing Cross (c4) • Tel. 0 20/78 36 43 43 • www. fairmont.com/savoy • Mo–Sa 11.30–24, So 12–23 Uhr

Artesian Bar ► S. 142, C 7

Die Auswahl reicht hier von Rum-Cocktails zu zahllosen Whiskys aus Amerika, Schottland und Japan! In der Bar dieses aus dem Jahr 1865 stammenden Luxushotels sieht man oft Stars aus BBC-TV-Sendungen, denn der Sender liegt fast gegenüber.
Marylebone • The Langham Hotel, 1c Portland Place, Regent Street, W1 • U-Bahn: Oxford Circus (c 4) • Tel. 0 20/76 36 10 00 • www.artesian-bar.co.uk • Mo–Fr 16–24, Sa/So 12–24 Uhr

Lobby Bar ► S. 143, F 8

Dies ist – nach Aussagen der Gäste – die vermutlich »schönste, am besten geführte Hotel-Bar Londons«. Das überwiegend junge Personal wird als hilfsbereit, freundlich und schnell gelobt. Das Ambiente (die ehemaligen großen Räume des Verlags der »Morning Post«) strahlt Großzügigkeit aus. Üppig ist auch das Angebot der Drinks.

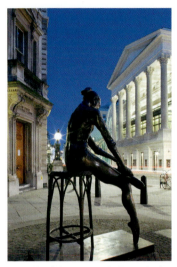

Das Royal Opera House in Covent Garden (▶ MERIAN-Tipp, S. 51).

Covent Garden • One Aldwych Hotel, 1 Aldwych, WC2 • U-Bahn: Covent Garden (d 4) • Tel. 0 20/73 00 10 00 • Mo–Sa 8–24, So 9–22.30 Uhr

DISKOTHEKEN
Fridge ▶ S. 147, südl. F 16

Diese Diskothek hat seit Jahren eine treue Anhängerschaft und ist ein Dauerbrenner. Musik wird geschickt variiert. Dunkel, laut, ideal für Tanzfreudige.
Brixton • Town Hall Parade, Brixton Hill, SW2 • U-Bahn: Brixton (d 6) • www.fridge.co.uk • tgl. ab 22 Uhr

Ministry of Sound ▶ S. 148, B 18

Die Bar ist enorm gut bestückt, das Design ungewöhnlich. Und die Musik auf den vier Tanzflächen ist einfach »hot«.
Elephant & Castle • 103 Gaunt Street, SE1, U-Bahn: Elephant & Castle (d 6) • www.ministryofsound.com • Fr 22.30–4.30, Sa 23–4.30 Uhr

Sound ▶ S. 143, D 8

Disco, Bar, Nightclub – auf drei Etagen, mitten im West End, bietet dieser Klub alles unter einem Dach. Freitags Livemusik.
Covent Garden • 1 Leicester Square, WC2 • U-Bahn: Leicester Square (d 4) • www.soundlondon.com • tgl. 21–3 Uhr

JAZZ
100 Club ▶ S. 143, D 7

Behauptet, der »beste Musik-Club der Welt« zu sein mit seinem Programm für Blues, Jazz, Rock und Reggae. Seit Jahren eine verlässliche Adresse der Londoner Szene.
Soho/Bond Street • 100 Oxford Street, W1 • U-Bahn: Tottenham Court Road (c 4) • Tel. 0 20/76 36 09 33 • www.the100club.co.uk • Mo–Do, So 19.30–23, Fr bis 24, Sa bis 1 Uhr

606 Club ▶ S. 146, westl. A 15

Livejazz sowie Soul und Blues mit starker Tendenz zum amerikanischen Sound. Die ganze Woche über geöffnet.
Chelsea • 90 Lots Road, SW10 • U-Bahn: Fulham Broadway (b 5) • Tel. 0 20/73 52 59 53 • www.606 club.co.uk • tgl. ca. 19–ca. 1.30 Uhr

The Bull's Head
▶ Essen und Trinken, S. 30

Am Abend 51

Ronnie Scott's ▸ S. 143, D 7

Es gibt kaum einen der Großen aus der Welt des Jazz, der hier nicht aufgetreten ist, von Ella Fitzgerald über Oscar Peterson bis Humphrey Lyttelton, um nur einige zu nennen. Die Einrichtung ist zwar ein bisschen auf der Strecke geblieben, aber das tut dieser »Pilgerstätte« des Jazz keinen Abbruch.
Soho • 47 Frith Street, W1 • U-Bahn: Tottenham Court Road (c 4) • Tel. 0 20/74 39 07 47 • www.ronniescotts.co.uk • Mo–Sa 18–3, So bis 24 Uhr

KINOS

Die größten Filmtheater befinden sich rund um Leicester Square und Piccadilly Circus, vor 14 Uhr sind die Kinokarten fast überall günstiger. Über Programme informiert das Magazin »Time Out« oder www.timeout.com/film.

IMAX Cinema ▸ S. 147, F 13

Letzter technischer Schrei der Kinogeschichte: Das »BFI London IMAX Cinema«, nahe Waterloo Bridge, ist zehn Stockwerke hoch und hat die größte Leinwand Englands.
South Bank • Charlie Chaplin Walk, South Bank, SE1 • U-Bahn: Waterloo (d 5) • Tel. 0 20/71 99 60 00 • www.bfi.org.uk

Odeon Leicester Square
▸ S. 143, D 8

Das Kino für alle großen internationalen Filmpremieren, auf denen man die Weltstars hautnah auf dem roten Teppich erleben kann. Premieren oft auch für Charity-Zwecke, zu denen dann die Queen oder Prinz Charles und Camilla »anrollen«.
Covent Garden • 22–24 Leicester Square, WC2 • U-Bahn: Leicester Square (c 4) • Tel. 08 71/2 24 40 07 • www.odeon.co.uk

MERIAN-Tipp

ROYAL OPERA HOUSE
▸ S. 143, E 7/8

Seit 1858 ist das Royal Opera House eines der führenden Häuser in der Welt der Oper und die erste Adresse in Großbritannien. Es zieht seit der umfangreichen Renovierung Weltstars und internationales Publikum gleichermaßen an. Zwei kleinere Bühnen ermöglichen Matinee-Vorstellungen.
Covent Garden • Bow Street, WC2 • U-Bahn: Covent Garden (d 4) • Tel. 0 20/73 04 40 00 • www.roh.org.uk

MUSICALS

Für mehr als 20 Musicals geht in London (außer sonntags) der Vorhang auf.

Les Miserables ▸ S. 143, D 8

Londons Musical mit der längsten Laufzeit, nach einem Roman von Victor Hugo.
Soho • Queen's Theatre, 51 Shaftesbury Avenue, W1 • U-Bahn: Piccadilly Circus (c 4) • Tel. 08 44/4 82 51 60 • www.lesmis.com

We will rock you ▸ S. 143, D 7

Freddy Mercurys Musik, als Zukunftsfantasie zusammengestellt. Großer Dauererfolg!
West End • Dominion Theater, 268–269 Tottenham Court Road, W1 • U-Bahn: Tottenham Court Road (c 4) • Tel. 08 44/8 47 17 75 • www.wewillrockyou.co.uk

ZU GAST IN LONDON

KLASSIK

Barbican Hall ▶ S. 144, B/C 10
Heimat des LSO, des London Symphony Orchestra, das allerbeste künstlerische Leistungen garantiert, oft auch mit Gastsolisten aus Amerika, Deutschland oder Italien.
Barbican • Silk Street, EC2 • U-Bahn: Barbican (d 3) • Tel. 0 20/76 38 88 91 • www.barbican.org.uk

London Coliseum ▶ S. 143, E 8
Außer dem English National Ballet ist hier die National Opera zu Hause. Gastbühne für fremde Produktionen. Mit 2400 Plätzen Londons größtes Theater.
Trafalgar Square • St. Martin's Lane, WC2 • U-Bahn: Leicester Square (c 4) • Tel. 08 71/9 11 02 00 • www.eno.org

Royal Albert Hall ▶ S. 140, C 3
Die Promenadenkonzerte, von Juli bis September, gelten als bestes Musikfestival der Welt. Ansonsten gibt es sowohl klassische als auch moderne Konzerte, auch sonntags!
South Kensington • Kensington Gore, SW7 • U-Bahn: South Kensington (c 5) • Tel. 08 45/4 01 50 45 • www.royalalberthall.com

Southbank Centre ▶ S. 147, F 13
Diese wuchtige Ansammlung von nicht sehr attraktiven Beton-Klötzen, die in den 1950er-Jahren nach Ende des Zweiten Weltkrieges am Südufer der Themse aus dem Boden gestampft wurden, verkörpert trotzdem den größten Komplex diverser Kunsttempel, die London je gehabt hat. Denn das Southbank Centre umfasst nicht nur die große, moderne **Royal Festival Hall** mit ausgezeichneter Akustik, sondern auch die **Queen Elizabeth Hall** und den kleineren **Purcell Room**, in dem junge Künstler oft ihr Debut geben.

Im London Coliseum (▶ S. 52), seit 1968 Stammhaus der English National Opera, werden Opern wie Wagners »Ring des Nibelungen« in Englisch aufgeführt.

Das lang gestreckte **National Theatre** mit seinen drei Bühnen, das 1976 von Sir Laurence Olivier eingeweiht (und lange geführt) wurde, vervollständigt die »Kunstburgen« auf der Südseite der Themse, zu denen sich später, näher an der Waterloo Bridge, Shakespeares **Globe Theatre** gesellte.
South Bank • Belvedere Road, SE1 • U-Bahn: Waterloo (c 5) • Tel. 08 44/ 8 75 00 73 • www.southbank centre.co.uk

Wigmore Hall   ▸ S. 142, B 7

Wegen seiner ausgezeichneten Akustik ideal für Auftritte von Kammerorchestern, Liederabende und Streichquartette. Das Repertoire reicht von Bach über Schubert bis Mendelssohn.
Marylebone • 36 Wigmore Street, W1 • U-Bahn: Bond Street (c 4) • Tel. 0 20/79 35 21 41 • www.wigmore-hall.org.uk

NACHTCLUBS

Mahiki   ▸ S. 142, C 8

Warum nicht in ein (künstliches) polynesisches Paradies entfliehen? Nur für einen Abend und etliche exotische Cocktails? Junge Prinzen und deren Eton-Freunde tun's auch.
Mayfair • 1 Dover Street, W1 • U-Bahn: Green Park (c 4) • Tel. 0 20/ 74 93 95 29 • www.mahiki.com • Mo– Fr 17.30–3.30, Sa 19.30–3.30 Uhr

Wyld Bar   ▸ S. 143, D 8

Viel Glamour strahlt dieser Nightclub im neuen W-Hotel aus. Ideal für Nachtschwärmer jeden Alters.
Soho • 10 Wardour Square, W1 • U-Bahn: Leicester Square (c 4) • Tel. 0 20/77 58 10 60 • www.wlondon. co.uk/wyld • Mi 21–2, Do–Sa 21– 3 Uhr

POP UND ROCK

Brixton Academy

▸ S. 147, südl. F 16

Beste Liveauftritte für Pop-, Rock- und Kabarettstars aus ganz Europa. Platz für fast 5000 Fans. Hier fingen Gruppen wie z. B. Coldplay an.
Brixton • 211 Stockwell Road, SW9 • U-Bahn: Brixton (d 6) • Tel. 08 44/ 4 77 20 00 • www.o2academy brixton.co.uk

The Forum   ▸ S. 143, nördl. E 5

Kleiner Club mit interessantem Mix aus Rock und Pop.
Kentish Town • 9–17 Highgate Road, NW5 • U-Bahn: Kentish Town (d 2) • Tel. 08 44/8 47 24 05 • http://venues. meanfiddler.com/the-forum

Hammersmith Apollo

▸ S. 140, westl. A 4

In diesem riesengroßen Rockpalast treten meist internationale Popstars auf. Die Preise sind erschwinglich.
Hammersmith • Queen Caroline Street, W6 • U-Bahn: Hammersmith (b 4) • Tel. 08 44/8 44 47 48 • http:// venues.meanfiddler.com/apollo

The O2 Arena   ▸ S. 151, östl. F 22

Entertainment total wird im ehemaligen Millennium Dome geboten: Es gibt eine Riesen-Arena für Sport und Popkonzerte, eine kleinere Konzerthalle, Galerien, Bars, Restaurants und Geschäfte.
North Greenwich • Peninsula Square, SE10 • U-Bahn: North Greenwich (f 5) • Tel. 08 44/8 56 02 02 • www.theo2.co.uk

Wembley Arena + Stadium

▸ S. 140, nordwestl. A 1

Im Juni 2007 neu eröffnetes Stadion, weithin sichtbar der 133 m hohe

54 ZU GAST IN LONDON

(teilweise nachts erleuchtete) Bogen. Veranstaltungsort für große Sport- und Musik-Events.
Wembley • Arena Square, Engineers Way, HA9 • U-Bahn: Wembley Park (b 2) • Tel. Arena: 0 20/87 82 55 00, Stadium: 08 44/9 80 80 01 • www.wembley.co.uk

STRIPCLUBS UND LAPDANCING
Peter Stringfellow's Angels
▶ S. 143, D 7

Im Herzen des »sündigen« Sohos findet man den neuesten der berühmten »Gentlemen's Clubs« von Peter Stringfellow, die seit 1980 bestehen. Auf drei Etagen werden Stripdance, Lapdance und sexy Tanzeinlagen von 50 exotisch-schönen Mädchen geboten – sei es in diskreten VIP-Logen oder verschwiegenen Separees.
Soho • 201–203 Wardour Street, W1 • U-Bahn: Tottenham Court Road (c 4) • Tel. 0 20/77 58 06 70 • www.string fellows.co.uk • Mo–Sa 21–4.30 Uhr • Eintritt £ 20

THEATER

Die etablierten West-End-Theater sind oft wochenlang im Voraus ausverkauft: Vorbestellung ist unerlässlich. Kurzfristig gibt es billigere Tickets an der **TKTS Ticket Booth** (Leicester Square, Mo–Sa 10–19, So 11–16 Uhr, www.tkts.co.uk). »Fringe Theatre« heißen die Avantgarde- oder Experimentierbühnen, wie z. B. das Hampstead Theatre.

Hampstead Theatre
▶ S.142, nördl. A 5

Hier kann man oft berühmte Schauspieler sehen, die ein Stück erst in diesem »Fringe Theatre« aufführen, bevor es ins West End kommt.

Swiss Cottage • Eton Avenue, NW3 • U-Bahn: Swiss Cottage (c 2) • Tel. 0 20/77 22 93 01 • www.hampsteadtheatre.com

National Theatre
▶ S. 143, F 8

Die Produktionen reichen von George Bernhard Shaw bis Tom Stoppard und Harold Pinter. Man hat in diesem modernen Musentempel die Wahl zwischen drei unterschiedlichen Theatern: dem großen »Olivier« und den kleineren Bühnen »Cottesloe« und »Lyttelton«. Beide dienen oft als Experimentierbühnen. Ein großzügiges Foyer mit Bar und Terrasse zur Themse hin verleiht diesem Haus trotz offenbarem Mangel an feinsinniger Architektur große Anziehungskraft.
South Bank • Upper Ground, SE1 • U-Bahn: Waterloo (c 5) • Tel. 0 20/74 52 30 00 • www.national theatre.org.uk

Old Vic Theatre
▶ S. 148, A 17

Als Hollywoodstar Kevin Spacey dieses 1833 eröffnete Theater als künstlerischer Direktor übernahm, gab es viele skeptische Stimmen. Aber er hat mit – teilweise widersprüchlichen Produktionen – seine Ideen für modernes Theater durchgesetzt. Trotz teils wenig bekannter Dramatiker, aber guten Darstellern hat das neue »Old Vic« sich behauptet.
Waterloo • The Cut, Waterloo Road, SE1 • U-Bahn: Waterloo (c 5) • Tel. 08 44/8 71 76 28 • www.oldvic theatre.com

Regent's Park Open Air Theatre
▶ S. 142, A 5

In diesem Theater genießt man Shakespeare in den Sommermonaten unter freiem Himmel.

Am Abend 55

Der amerikanische Schauspieler und Oscar-Preisträger Kevin Spacey, bekannt aus dem Film »American Beauty«, leitet seit 2003 das Old Vic Theatre (▶ S. 54).

Regent's Park • Inner Circle, Regent's Park, NW1 • U-Bahn: Baker Street (c 3) • Tel. 08 44 / 8 26 42 42 • www.openairtheatre.org

Shakespeare's Globe
▶ Sehenswertes, S. 85

St. Martin's ▶ S. 143, E 8
Spielt bereits seit rund 60 Jahren Agatha Christies »Mousetrap«.
Covent Garden • West Street, Cambridge Circus, WC2 • U-Bahn: Leicester Square (c 4) • Tel. 08 44/4 99 15 15 • www.the-mousetrap.co.uk

Theatre Royal Haymarket
▶ S. 143, D 8

Architekt John Nash baute dieses schöne Theater, das 1821 eröffnet wurde und 905 Sitze hat. Uraufführungen bekannter Dramatiker wie Henrik Ibsen, Oscar Wilde und William Somerset Maugham fanden in diesem Theater statt. Heute zeigen hier große Namen wie Vanessa Redgrave oder Judi Dench ihre Schauspielkunst.
Trafalgar Square • Haymarket, SW1 • U-Bahn: Piccadilly Circus (c 4) • Tel. 08 45/4 81 18 70 • www.trh.co.uk

Feste und Events
Sportereignisse, Gartenschauen, bunte Paraden und Konzerte in allen Teilen der britischen Hauptstadt ziehen die Menschen an. Jeder will dabei sein.

Feste und Events

◄ Karibik-Feeling stellt sich beim Notting Hill Carnival (► S. 58) ein, der jedes Jahr im August stattfindet.

JANUAR
New Year's Day Parade

Die große Parade in der Innenstadt lockt Tausende von Zuschauern.
1. Januar • www.londonparade.co.uk

FEBRUAR
Chinese New Year

In Soho und am Trafalgar Square: bunte Umzüge, Festessen in chinesischen Restaurants. Drachen feiern den Beginn des neuen Jahres.
Ende Januar/Anfang Februar •
www.londonchinatown.org

MÄRZ
Oxford and Cambridge Boat Race

Traditionelles Ruderrennen der beiden ältesten englischen Universitäten auf der Themse zwischen Putney Bridge und Mortlake. Sportliches Ereignis, das in den Pubs entlang der Themse ausgiebig gefeiert wird.
Ende März/Anfang April •
U-Bahn: Putney Bridge (b 5) •
www.theboatrace.org

APRIL
London Marathon

Profis und Amateure, manche von ihnen witzig verkleidet, legen die 42 km lange Strecke zurück: ein Ereignis mit der Atmosphäre eines Straßenkarnevals.
Mitte April • www.london-marathon.co.uk

MAI
Chelsea Flower Show

Jedes Jahr verwandelt sich das 4,5 ha große Gelände des Royal Hospitals in Chelsea in die größte Blumen- und Gartenschau, die man sich nur wünschen kann.

Veranstaltet von der über 200 Jahre bestehenden »Royal Horticultural Society«, wetteifern bekannte Gartenarchitekten und Designer hier mit neuen, aufsehenerregenden Ideen für die Gartengestaltung, egal wie viel Land der einzelne zur Verfügung hat. Preise werden zum Schluss vergeben: Das spornt an. Ebenso geht's den Blumenzüchtern, die hier in Chelsea ihre wunderschönen neuen »Stars« zeigen und auf eine Medaille hoffen. Die Queen und alle Mitglieder der königlichen Familie, alle auch leidenschaftliche »Gärtner«, eröffnen die Show jedes Jahr. Es ist also auch ein gesellschaftliches Ereignis. Immerhin werden 28 000 Sandwichs und 54 000 Tassen Tee in diesen vier Tagen verzehrt. Und die ca. 5000 Flaschen Champagner sprechen für sich. Ein »very british« Event, hier im Park von Christoper Wren's schönem Royal Hospital. Es wurde 1682 von König Charles II. gegründet.
Ende Mai • Chelsea • Royal Hospital, King's Road, SW3 • U-Bahn: Sloane Square (c 4) • www.rhs.org.uk/chelsea

JUNI
Royal Academy Summer Exhibition

Jährliche Kunstausstellung seit 1768. Hier haben einmal pro Jahr Hobbymaler bzw. noch nicht entdeckte Künstler die Chance, ihre Werke (überwiegend Gemälde und Skulpturen) zu zeigen. Sehenswert.
Juni bis Mitte August • Burlington House • Piccadilly • U-Bahn: Piccadilly Circus (c 4) • www.royalacademy.org.uk

Trooping the Colour

Die offizielle Geburtstagsparade für die Queen. Sie nimmt an dieser großen Truppenschau jetzt in einer Kutsche teil.

Zweiter Samstag im Juni • Horse Guard Parade, W1 • www.trooping-the-colour.co.uk • ab 10.30 Uhr

Garter Ceremony

Alljährliches Treffen der Ritter des Hosenbandordens in Windsor Castle. Farbenprächtiges Ereignis am Montag vor Royal Ascot.

Anfang Juni • Windsor, Berkshire • Anfahrt: Autobahn M4 oder Zug (▶ Ausflüge, S. 120)

Royal Ascot

Gilt als **das** gesellschaftliche Ereignis des Sommers. Wohl auch der Pferderennen wegen, aber gleichzeitig modische Prominentenshow. Vor allem am »Lady's Day«, an dem die Damenwelt äußerst auffällige Hutkreationen zur Schau stellt.

Mitte Juni • Ascot, Berkshire • www.ascot.co.uk

Wimbledon-Tennis-Meisterschaft

Im südwestlich gelegenen Stadtteil Wimbledon.

Ende Juni bis Anfang Juli • U-Bahn: Wimbledon (b 6) • www.wimbledon.org

JULI

Promenade Concerts

Die meisten Zuschauer stehen im Hauptrund der Royal Albert Hall. Klassische Musik von großen Orchestern und mit bekannten Dirigenten. Höhepunkt ist das letzte Konzert »Last Night of the Proms«, Anfang September.

Juli–September • Royal Albert Hall • Kensington • U-Bahn: Knightsbridge (c 4) • www.bbc.co.uk/proms

AUGUST

Notting Hill Carnival

Notting Hill bildet die Kulisse für die extravaganteste Parade und Straßenparty Englands. Einwanderer aus der Karibik, vor allem aus Trinidad, brachten ihre Musik- und Karnevalstraditionen mit nach London und hielten 1966 den ersten, damals bescheidenen Umzug ab. Heute lockt das farbenfrohe Spektakel bis zu 2 Mio. Besucher an. Höhepunkt ist die Parade am »Bank Holiday Monday«. Dann ziehen viele aufwendig dekorierte Wagen durch die Straßen um Ladbroke Grove. Rund um die Uhr wird zu den Rhythmen der Soca (Fusion aus Soul und Calypso), der Samba-Gruppen und der karibischen Steel Bands getanzt.

Letztes August-Wochenende • Notting Hill • W11 • U-Bahn: Notting Hill Gate (b 4) • www.nottinghill-carnival.co.uk

Open-Air-Theatre

Shakespeare's Muse belebt im Sommer den Regent's Park auf 1240 Plätzen mit Aufführungen wie »Midsummer Night's Dream« und anderen bekannten Stücken. Picknickkorb und Regenschirm sollte man mitnehmen.

Regent's Park • Inner Circle • NW1 • U-Bahn: Regent's Park, Baker Street • Tel. 08 44/8 26 42 42 • www.openair theatre.org

SEPTEMBER

Pearly Harvest Festival

Die Pearly Kings und Queens, traditionelle Londoner Marktleute, bedecken ihre Kostüme zum Erntedank-

fest in der Kirche St Mary-le-Bow in Cheapside mit Perlmuttknöpfen.
Letzter Sonntag im September • U-Bahn: Mansion House (d 4) • 13–16 Uhr

OKTOBER
London Film Festival

Internationale Filmfestspiele mit vielen Premieren.
Ende Oktober/Anfang November • BFI Southbank, Belvedere Road • South Bank • SE1 • U-Bahn: Waterloo (c 5) oder Embankment (c 4) • Tel. 0 20/79 28 32 32 • www.bfi.org.uk/lff

NOVEMBER
London to Brighton Car Rally

Seit 1896 fahren Oldtimer die 90 km von Hyde Park Corner (Abfahrt 7–8 Uhr) bis nach Brighton an der Südküste. Nicht nur die alten Autos sind sehenswert, sondern auch die passende antiquierte Kleidung vieler Fahrer und Passagiere.
Am Samstag davor kann man ca. 130 der Oldtimer in der Regent Street (SW1) von 11 bis 15 Uhr bewundern.
Erster Sonntag im November • U-Bahn: Hyde Park Corner (c 4) • Regent Street: U-Bahn: Piccadilly Circus (c 4) • www.veterancarrun.com

Parlamentseröffnung

Die Queen fährt in einer Kutsche vor, um anschließend die Regierungserklärung für das neue Parlamentsjahr im Oberhaus vorzulesen.
Genaues Datum wird 8–10 Tage vorher bekannt gegeben • Houses of Parliament • U-Bahn: Westminster (c 5) • ab 11 Uhr

Lord Mayor's Show

Einweihung des neuen Oberbürgermeisters der City of London mit viel Prunk, einer Kirmes auf dem Paternoster Square und Feuerwerk an der Themse. Prozessionsweg: St Paul's Cathedral, Fleet Street, Victoria Embankment an der Themse.
Zweiter Samstag im November • U-Bahn: Bank (d 4) • www.lord mayorsshow.org • ab 11 Uhr

Gesellschaftliches Ereignis: die Chelsea Flower Show (▶ S. 57).

DEZEMBER
Eislaufen

Zum Jahresende wird der schöne Hof von Somerset House in eine Eislaufbahn verwandelt.
Ende November bis Ende Januar • U-Bahn: Charing Cross (c 4) • www.somersethouse.org.uk/ice-rink

Vor dem Natural History Museum gibt es auch eine Eisbahn mit Café für Zuschauer.
Cromwell Road • SW7 • U-Bahn: South Kensington (c 4) • www.nhm.ac.uk

Familientipps
Viel zu schnell vergeht die Zeit, wenn Familien in Londons interessantesten Ecken unterwegs sind. Spannende Momente bietet das London Aquarium, und Madame Tussaud's ist ein Muss!

◄ Die Haie zu füttern ist im Pazifikpool des London Aquarium (► S. 61) zu bestimmten Zeiten möglich.

Battersea Park Zoo ► S. 146, A 16

Dieser Zoo soll Kinder mit Tieren zusammenbringen. Mit Kaninchen, Ottern, Ziegen oder Kälbern und vielen anderen, Groß und Klein. Die Spielecke ist zum Rumtoben da, und im Café gibt's Erfrischungen.
Battersea • Battersea Park, SW11 • U-Bahn: Sloane Square (c 4), Bahn: Battersea Park • www.batterseapark-zoo.co.uk • tgl. 10–17, im Winter bis 16 Uhr • Eintritt £ 7,95, Kinder £ 6,50

Giraffe ► S. 140, westl. A 4

Ganz bewusst wurden hier Gerichte und (Frucht-)Getränke aus aller Welt zusammengestellt, um Kindern die Vielfalt zu zeigen, die unser Globus bietet. Vom Frühstück übers Mittagessen bis zum Nachmittagskaffee und Abendessen bietet dieses Allround-Restaurant besondere Gerichte, (Obst-)Salate und Drinks.
Kensington • 7 Kensington High Street, W8 • U-Bahn: High Street Kensington (b 4) • Tel. 0 20/79 38 12 21 • www.giraffe.net • Mo–Fr 8–23, Sa/So 9–23 Uhr

Harry Potter Walk

► Spaziergänge, S. 116

Hyde Park Riding Stables
► S. 140, C 2

Einmal Cowboy spielen? Mindestens fünf Jahre muss Ihr Kind alt sein, wenn Sie hier ein Pferd ausleihen wollen. Die Reitschule ist bestens ausgerüstet, um Kinder (und Erwachsene) mit dem passenden Pferd zusammenzubringen. Vorherige Anmeldung empfohlen.

Paddington • 63 Bathurst Mews, W2 • U-Bahn: Lancaster Gate (c 4) • Tel. 0 20/77 23 28 13 • www.hydepark stables.com • Mo–Fr 7.15–17, Sa/So 9–17 Uhr • ab £ 59/Stunde

London Aquarium ► S. 147, F 13

Haie auf Augenhöhe! Es ist eines der größten Aquarien Europas und das Erste seiner Art in London am Ufer der Themse, wo man Haie und sogar Piranhas fast hautnah beobachten kann. Kinder dürfen Rochen beim Füttern streicheln. Das Aquarium will auch über die Welt aller Fischarten belehren, ob sie in Flüssen, Bächen, Seen oder Ozeanen zu Hause sind. Und es will zum Respekt vor der Natur und ihren Lebewesen anregen. Ein einmaliges Erlebnis.
South Bank • County Hall, Westminster Bridge Road, SE1 • U-Bahn: Westminster, Waterloo (c 5) • Tel. 08 71/6 63 16 78 • www.sealife. co.uk/london • Mo–Do 10–17, Fr–So 10–18 Uhr • Eintritt £ 19, Kinder £ 14

London Transport Museum
► S. 143, E 8

Dass Pferde einst Londons Busse zogen, kann man sich heute kaum vorstellen. Das Verkehrsmuseum erzählt die Geschichte und Entwicklung der öffentlichen Verkehrsmittel Londons. Das Klettern auf den Bussen, Pferdebahnen und Dampflokomotiven wird nicht nur geduldet – die Kinder werden regelrecht dazu aufgefordert!
Covent Garden • The Piazza, Covent Garden, WC2 • U-Bahn: Covent Garden (d 4) • Tel. 0 20/73 79 63 44 • www.ltmuseum.co.uk • tgl. 10–18, Fr 11–18 Uhr • Eintritt £ 13,50, Kinder frei

62 ZU GAST IN LONDON

Madame Tussaud's ▸ S.142, A 6

Ein Besuch im Wachsfigurenkabinett sollte unbedingt auf jedem London-Programm stehen. Auch für Kinder ist es sicher »cool«, Sportstars wie David Beckham oder Popstars wie Robbie Williams (für's Foto) die Hand zu schütteln. Manche Wachsfiguren »atmen« sogar!
Marylebone • Marylebone Road, NW1 • U-Bahn: Baker Street (c 3) • Tel. 08 71/8 94 30 00 • www.madame tussauds.com/london • Mo–Fr 9.30–17.30, Sa/So 9–18 Uhr • Eintritt £ 28,80, Kinder £ 24,60

Pollock's Toy Museum
▸ S. 142, C 6

Dieses kleine viktorianische Haus, das mit antikem Spielzeug (über-)vollgestopft ist, leidet etwas an Platznot. Ist aber trotzdem sehenswert. Auf drei Etagen findet man Spielzeug, Bilder, Bücher – und vor allem Puppen – aus etlichen Jahrzehnten. Ein Spielzeug-Shop ist dem Museum angeschlossen.
Fitzrovia • 1 Scala Street, W1 • U-Bahn: Goodge Street (c 3) • Tel. 0 20/76 36 34 52 • www.pollocks toymuseum.com • Mo–Sa 10–17 Uhr • Eintritt £ 5, Kinder £ 2,50

Princess Diana Abenteuerspielplatz ▸ S. 140, A 2

Im Andenken an die kinderliebe Prinzessin wurde dieser Spielplatz in Kensington Gardens nach ihrem Tod angelegt. Und es ist ein Traumspielplatz, mit einem Piratenschiff, einem Brunnen mit Meerjungfrau, einem Indianerlager sowie einem Baumhaus mit Rutschen und vielem mehr. Klar, dass da immer was los ist.
Kensington • Diana, Princess of Wales Memorial Playground, Kensington

Gardens • U-Bahn: High Street Kensington (c 4) • www.royalparks.org. uk/parks/kensington_gardens/ • Mai–Aug. 10–19.45, April, Sept. 10–18.45, März, Anf. Okt. 10–17.45, Feb., Ende Okt. 10–16.45, Nov.–Jan. 10–15.45 Uhr, 25. Dez. geschl. • Kinder bis 12 Jahre Eintritt frei

The Raceway Docklands
▸ S. 151, östl. F 23

Der nächste Sebastian Vettel? So spannend hat der RED Bull-Fahrer sicher auch mal angefangen. Hier kann der zukünftige Formel-1-Sieger schon mal auf »Pole Position« gehen. Allerdings nur in Go-Karts, aber immerhin. Die Rennstrecke in den Docklands bietet viel Platz für Kinder von 8 bis 16 Jahre. Im Voraus buchen!
Charlton • 3 Herringham Road, SE7 • U-Bahn: North Greenwich (f 5), Bahn: Charlton • Tel. 0 20/78 33 10 00 • www.theraceway.com • nur für Gruppen von mind. 4 Personen, So morgen auch für Einzelfahrer • 15 Min. £ 20–£ 25, 30 Min. £ 35–£ 40

The Rainforest Cafe ▸ S. 143, D 8

Mitten in London einen Hamburger essen, während ein Tiger im Gebüsch lauert oder ein Löwe brüllt … Bessere Grusel-Stories gibt es kaum. Es existieren nur zwei Cafés dieser Art in Europa, und sie sind einmalig und unbedingt sehenswert. Das Urwald-Geschehen wirkt unheimlich authentisch: Gorillas, Tiger, Wasserfälle neben echtem Tiergeschrei! Für Geburtstagskinder gibt's eine Torte mit Kerzen, wenn man sie vorher bestellt.
Soho • 20 Shaftesbury Avenue, W1 • U-Bahn: Piccadilly Circus (c 4) • Tel. 0 20/74 34 31 11 • www.the

Familientipps 63

rainforestcafe.co.uk • Mo–Fr 12–22, Sa 11.30–20, So 11.30–22 Uhr

Thames RIB Experience
▸ S. 143, E 8

James Bond könnte es nicht besser machen: im Schnellboot (Schlauchboot) übers Wasser jagen. Wenn auch nicht, um Spione zu verhaften, sondern um die »007«-Spannung zu spüren. Solche Urlaubserlebnisse hat man nicht jeden Tag, und vor allem Teenager finden das »cool«. Die richtige wasserdichte Ausrüstung wird gestellt, wenn man will. Und obwohl das Unternehmen nach dem Motto arbeitet: einsteigen, wer da ist... Vorbestellungen sind doch sicherer, um sich Enttäuschungen zu ersparen.
Embankment • Embankment Pier, Victoria Embankment, WC2 • U-Bahn: Embankment (d 4) • Tel. 0 20/79 30 57 46 • www.thamesrib experience.com • 50 Min. £ 49, Kinder £ 31, 90 Min. £ 61, Kinder £ 42

London Wetland Centre
▸ grüner reisen, S. 35

Unicorn Theatre for Children
▸ S. 149, D 17

Ein großes weißes Einhorn weist den Weg zum Theater für Kinder nahe der Tower Bridge am Südufer der Themse. Seit 1947 begeistern Kinder sich hier für Stücke von Charles Dickens und anderen. Auch ausländische Theaterproduktionen kommen hier häufig zur Aufführung.
Bermondsey • 147 Tooley Street, SE1 • U-Bahn: London Bridge (d 5) • Tel. 0 20/76 45 05 60 • www.unicorn theatre.com • Eintritt £ 10–£ 20

👫 Weitere Familientipps sind durch dieses Symbol gekennzeichnet.

Hier können sich Kinder so richtig austoben: Abenteuerspielplatz (▸ S. 62), errichtet zum Andenken an Lady Diana, Prinzessin of Wales, in Kensington Gardens.

Tradition und Moderne verbindet die Millennium Bridge (▶ S. 82), an deren nördlichem Ende sich die St. Paul's Cathedral (▶ S. 89) befindet.

Unterwegs in London

Angesichts der Schätze in den königlichen Palästen, Kirchen und Weltklasse-Museen muss man Schwerpunkte setzen. Erholung bieten die herrlichen Gärten und Parks in allen Teilen der Stadt.

Sehenswertes

In London gibt es auf Schritt und Tritt Sehenswertes zu entdecken. Das können historische Bauten, interessante Stadtteile oder gar die Statuen berühmter Persönlichkeiten sein.

◄ Die Queen's Guard bewacht die königlichen Residenzen, wie beispielsweise den Buckingham Palace (► S. 69).

Relikte aus der Römerzeit erinnern an den Ursprung Londons vor über 2000 Jahren. Viele Bauwerke entstanden nach dem großen Feuer von 1666, das im Osten nahe der London Bridge tobte. Baumeister Sir Christopher Wren und John Nash schufen das heutige London: die **St. Paul's Cathedral** (und weitere 55 Kirchen), Nashs elegante Regent Street, den Buckingham Palast und vieles mehr. Jetzt setzt die Gegenwart ihre Akzente: das gewaltige Office-Presse-Zentrum **Docklands** mit dem 265 m hohen **Canary Wharf Tower**. Aber auch die Finanzwelt der City verändert Londons Skyline, mit Norman Fosters **Gherkin** und dem brandneuen **Heron Tower**, zu dem 2012 das »Pinnacle« kommt, der **Bishopsgate Tower**, mit 302 m Europas höchstes Gebäude. Vergessen wir das **London Eye** nicht, größtes Riesenrad Europas, – und hochmoderne Bauten für die **Olympischen Spiele**, die **London Olympics** (27. Juli–12. August 2012)!

Admiralty Arch   ► S. 143, E 8

Der Triumphbogen wurde 1910 im Zuge der Neugestaltung der – heute rot asphaltierten – Prachtstraße The Mall von Sir Aston Webb zum Gedenken an Königin Viktoria erbaut. Der Verkehr rollt durch die beiden schmaleren Seitenbögen, das breite Mittelstück mit seinem herrlichen schmiedeeisernen Gitter ist der englischen Königin und Monarchen auf Staatsbesuch vorbehalten.
St. James's • The Mall/Spring Gardens, SW1 • U-Bahn: Charing Cross (c 4)

Albert Memorial   ► S. 140, C 3

Das 55 m hohe Monument für den verstorbenen Prinzgemahl gegenüber der Royal Albert Hall, im Hyde Park, wurde im Auftrag der trauernden Königin Viktoria 1876 von Sir George Gilbert Scott entworfen. Die Statue des nachdenklichen Prinz Albert stammt von John Foley. Dies überaus üppige, mit über 200 Skulpturen geschmückte, fast überladene gotische Kolossaldenkmal steht auf einem kunstvoll gestalteten Sockel. Auf diesem Sockel stehen auch Symbolfiguren, an jeder Ecke eine. Sie stellen jeweils einen von vier Kontinenten dar.
South Kensington • South Carriage Drive/Kensington Gore, SW 7 • U-Bahn: South Kensington (c 4) • Führungen März–Dez. jeden 1. So im Monat 14 und 15 Uhr • Eintritt £ 6

Apsley House   ► S. 141, F 3

Einst die erste Adelsresidenz in Piccadilly und deshalb schlicht »No. 1, London« genannt. Die überwältigend prunkvolle Residenz, 1778 für Baron Apsley erbaut, wurde 1817 nach seinem Sieg über Napoleon der Wohnsitz des Herzogs von Wellington. Davon zeugt auch der **Wellington Arch**, gegenüber im Hyde Park.
Mayfair • 149 Piccadilly, W1 • U-Bahn: Hyde Park Corner (c 4) • www.english-heritage.org.uk • Mi–So 11–17, Nov.–Feb. Sa/So 11–17 Uhr • Eintritt £ 6,30, Kinder £ 3,80

Banqueting House   ► S. 147, E 13

Das einzige Überbleibsel des früheren königlichen Palasts von Whitehall, zwischen 1530 und 1698 Londoner Wohnsitz der englischen Könige. Der 1622 vollendete Bau stellt den

68 SEHENSWERTES

> **MERIAN-Tipp**
>
> **BRICK LANE** ▶ S. 145, E 10/11
>
> Das multikulturelle Flair von London spürt man nirgendwo intensiver als in der Gegend um die Straße Brick Lane, wo sich Immigranten aus Bengalen, aber auch junge englische und internationale Künstler und Designer angesiedelt haben. Die Schmuck- und Lebensmittelgeschäfte, die Läden, deren Schaufenster Saris in schillernd-bunten Farben schmücken, scheinen meilenweit vom westlich-mondänen Piccadilly entfernt zu sein. Authentische Bangladesch-Küche probiert man in den Curry-Restaurants, z. B. Café Naz (Nr. 46–48). Den kleinen Hunger stillt eine stadtbekannte Bagel-Bäckerei (Nr. 159). Sonntags findet von 9–17 Uhr ein lebhafter Flohmarkt statt.
>
> Spitalfields • U-Bahn: Aldgate East (e 4)

Höhepunkt des Werks von Inigo Jones dar, mit dem der Stil der italienischen Renaissance in England Fuß fasste. Sehenswert die prachtvolle Deckenmalerei, eine Verherrlichung von James I., mit der sein Sohn Charles I. 1635 den flämischen Maler Rubens beauftragte. Der erhielt dafür 3000 Pfund und einen Adelstitel. Charles I. schritt durch diese Halle mit dem üppigen barocken Deckengemälde 1649 zu seiner Hinrichtung.
Westminster • Whitehall, SW1 • Tel. 0 20/31 66 61 54 • U-Bahn: Westminster (c 4) • www.hrp.org.uk • Mo–Sa 10–17 Uhr • Eintritt £ 5,

Kinder frei • bei feierlichen Staatsangelegenheiten geschl., am besten vorher anrufen

Bevis Marks Synagogue
▶ S. 145, D 11

Die Synagoge stammt aus dem Jahre 1700 und besticht durch ihre verschwenderische Ausstattung. Beachtenswert die herrlichen Fenster und die Bronzelüster, die aus Amsterdam stammen.
City • Bevis Marks, EC3 • U-Bahn: Aldgate (e 4) • www.bevismarks.org.uk

British Library
▶ S. 143, D 5

Eine der größten Bibliotheken der Welt verließ das British Museum im September 1997 und ist jetzt im supermodernen Bau in Euston zu finden. Dort haben die 18 Mio. Bücher dieser 1857 gegründeten Nationalbibliothek auf 300 km Regallänge und in hellen Räumen nach zwölf Jahren Bauzeit eine neue Heimat gefunden, wie auch die Magna Charta und Briefe großer Eroberer. Schon Karl Marx und Gandhi benutzten die Bibliothek für ihre Studien.
St. Pancras • 96 Euston Road, NW1 • U-Bahn: Euston (d 3) • www.bl.uk • Mo, Mi–Fr 9.30–18, Di 9.30–20, Sa 9.30–17, So 11–17 Uhr • Eintritt frei

WUSSTEN SIE, DASS ...

... die Queen die einzige Person im United Kingdom ist, die keinen (Reise-)Pass braucht? Und erst jetzt – in ihrem 86. Lebensjahr – von Bürokraten in Brüssel aufgefordert wird, diesen Zustand zu beenden? Was die Anti-EU-Einstellung der Briten natürlich nur verstärkt ...

Banqueting House – Chelsea   69

Buckingham Palace 🍴👥 🔴3
▶ S. 146, C 13

Gilt als offizielle »Stadtwohnung mit Büro« der königlichen Familie und entstand aus dem 1703 für den Herzog von Buckingham erbauten Buckingham House, das George IV. 1825 von Architekt Nash umgestalten ließ. Erst Queen Viktoria erklärte das Schloss 1837 zur königlichen Residenz, die erst 1913 die heutige Fassade erhielt. Seit 1993 kann man den Palast im August/September besichtigen, während die Queen Urlaub macht. Ganzjährig zu besichtigen ist die enorm erweiterte **Queen's Gallery**. Die **Royal Mews**, die königlichen Ställe, lohnen sich wegen der herrlichen Kutschen wie der »Gold State Coach« von 1762. Keine Besichtigung bei Staatsanlässen.

St. James's • U-Bahn: St. James's Park (c 4) • www.royalcollection.org.uk
Buckingham Palace State Rooms: Buckingham Palace Road, SW1 • Aug.–Sept. tgl. 9.45–15.45 Uhr • Eintritt £ 18, Kinder £ 10,25
Queen's Gallery: Buckingham Gate, SW1 • tgl. 10–16.30 Uhr • Eintritt £ 9,25, Kinder £ 6
Royal Mews: Buckingham Palace Road, SW1 • Nov.–Dez. tgl. 10–15.15, April–Okt. tgl. 10–16.15 Uhr • Eintritt £ 8,25, Kinder £ 5,20

Canary Wharf
▶ S. 151, E 21

1991 entstand auf der Isle of Dogs der gewaltige Geschäfts- und Wohnkomplex der **Docklands** mit dem Canary Wharf, um die verödeten Docks neu zu beleben. Der gläserne Turm ist 266 m hoch.

Isle of Dogs • DLR: Canary Wharf (e 5) • www.canarywharf.com

Chelsea
▶ S. 146, A 15/16

Die Cottages in den kleinen Seitenstraßen der King's Road wirken romantisch, und die vielen Schauspieler, Maler und Schriftsteller, die seit der Eingemeindung im späten 18. Jh. hier wohnten, verleihen dem

Wegzeiten (in Minuten) zwischen wichtigen Sehenswürdigkeiten
* mit öffentlichen Verkehrsmitteln

	Piccadilly Circus	Buckingham Palace	Horse Guard	Kensington Palace	British Museum	St. James's Palace	St. Paul's Cathedral	Tate Britain	Tower of London	Victoria and Albert Museum	Houses of Parliament
Piccadilly Circus	–	30	20	25*	30	20	30*	25*	40*	25*	40
Buckingham Palace	30	–	25	50	35*	10	40*	40	40*	40	30
Horse Guard	20	25	–	40*	40	15	45	35	35*	30*	20
Kensington Palace	25*	50	40*	–	35*	30*	40*	40*	55*	25	30*
British Museum	30	35*	40	35*	–	50	40	35*	40*	45*	60
St. James's Palace	20	10	15	30*	50	–	40*	50	55*	25*	30
St. Paul's Cathedral	30*	40*	45	40*	40	40*	–	40*	40	45*	30*
Tate Britain	25*	40	35	40*	35*	50	40*	–	55*	35*	25
Tower of London	40*	40*	35*	55*	40*	55*	40	55*	–	55*	35*
Victoria and Albert Museum	25*	40	30*	25	45*	25*	45*	35*	55*	–	25*
Houses of Parliament	40	30	20	30*	60	30	30*	25	35*	25*	–

Stadtteil einen Hauch von Bohème: wie z. B. Oscar Wilde, Dante Gabriel Rosetti, aber auch Jack London und Bob Geldof. Heute findet man Kreatives im hochmodernen **Design Centre** für Textil- und Interior-Gestaltung. Es gehört zu **Chelsea Harbour**, Luxuswohngebiet an der Themse mit Jachthafen, Restaurant und dem Fünf-Sterne-Hotel **Wyndham Grand London Chelsea Harbour Hotel**. Sehr edel!
Chelsea • U-Bahn: Sloane Square/Parsons Green (c 4/b 5)

Chelsea Physic Garden
▶ S. 146, A 16

Der älteste botanische Garten Londons wurde 1673 von der Apotheker-Gilde angelegt. Hier werden heute auch seltene, vom Aussterben bedrohte Pflanzen und Kräuter gezogen. In der Mitte des Gartens steht eine Statue, die Sir Hans Sloane zeigt, den »Wohltäter von Chelsea«.
Chelsea • Swan Walk, SW3 • U-Bahn: Sloane Square (c 4) • www.chelsea physicgarden.co.uk • April–Okt. Mi–Fr 12–17, So 12–18 Uhr • Eintritt £ 8, Kinder £ 5

Chiswick House ▶ S. 140, westl. A 4

Diese hochherrschaftliche Villa im Stil Andrea Palladios wurde 1725 erbaut. Der Entwurf stammt von Richard Boyle, dem dritten Grafen von Burlington. Der kunstliebende Adelsherr wollte, dass dieses Haus einen »Tempel schöner Künste und Kultur« darstellt – einen Ort, an dem er die Elite der Gesellschaft empfangen und bewirten kann. Als Mäzen half er Komponisten wie Georg Friedrich Händel, aber auch Literaten wie Pope, Swift und Gay sowie den Bildhauern Leoni und Rysbrack. Die herrlichen parkähnlichen Gärten entwarf Graf Burlington zusammen mit William Kent und Charles Bridgeman selbst. Sie gelten als Triumph der Gartenarchitektur des frühen 18. Jh. Skulpturen von Burlingtons Vorbildern, Inigo Jones und Andrea Palladio, schmücken die Frontseite von Chiswick House.
Chiswick • Burlington Lane, W4 • U-Bahn: Turnham Green (b 5) • www.chgt.org.uk • April tgl. 10–17, Mai–Nov. Mo–Mi, So 10–17 Uhr, Nov.–März geschl. • Eintritt £ 5,50, Kinder £ 3,30

City Hall
▶ S. 149, D 17

Neuer Amtssitz des ersten Londoner Bürgermeisters an der Südseite der Themse, dicht bei der Tower Bridge. Architekt Lord Norman Foster wählte bewusst Glas als Material für dieses riesige kugelförmige Gebäude: Es soll die »Transparenz demokratischer Staatsführung« symbolisieren. Besucher können bis zum zweiten Stock alles besichtigen; das Restaurant ist durchgehend geöffnet.
Bermondsey • The Queen's Walk (Tooley Street), SE1 • U-Bahn: London Bridge (d 5) • www.london.gov.uk • Tel. 0 20/79 83 40 00 • Mo–Fr 8.30–18 Uhr • Eintritt frei

The City of London ▶ S. 144, C 11

Die City, Londons Finanzbezirk, der mit der **Bank of England** und den Börsen, **Royal Exchange** und **Stock Exchange**, das gesamte internationale Finanzgeschehen mitbestimmt, befindet sich auf historischem Boden: Wo sich heute Stahl-Glas-Wolkenkratzer um die 1788 erbaute Bank of England scharen, bauten die Römer vor etwa 2000 Jahren ihre

Chelsea – Clarence House

ersten Siedlungen. Wer denkt schon daran, bei der Wanderung durch **Threadneedle Street**, **Cornhill** oder **Ironmonger Lane**? Heute beherrscht der **Swiss Re Tower** des Rückversicherers SwissRe in der St. Mary Axe die Skyline der City, ein weiteres Gebäude, mit dem Lord Norman Foster der Stadt ein Symbol gegeben hat. Wie die »Gherkin« (engl. für Gurke) schon andeutet, sind alle Banken der Welt hier in der Londoner City mit Filialen vertreten.

Das internationale Flair gibt alten Pubs wie dem »Bow Wine Vaults« gegenüber der schönen Christopher Wren-Kirche **St. Mary-le-Bow** aus dem Jahr 1673 einen ganz besonderen, neuen Reiz.

Trotz der globalen Finanzkrise von 2008/09 setzte die City auf Expansion und zeigt die Macht der berühmten »Square Mile« mit modernsten Skyscrapern wie dem **Heron Tower** oder dem **One New Change**-Shopping Centre, dicht bei St. Paul's Cathedral.
City • EC2 • U-Bahn: Bank, St. Paul's (d 4)

Clarence House ▶ S. 146, C 13

Seit dem Tod der Queen Mother, 2002, Londoner Residenz von Prinz Charles, seiner Ehefrau Camilla und Sohn Prinz Harry. Baumeister John Nash entwarf dieses elegante Gebäude, das gleich neben dem St. James's Palast liegt, für den Herzog von Clarence. Das Erdgeschoss kann im Sommer besichtigt werden. Die renovierten Räume spiegeln den Wohnstil der alten Dame wider und zeigen einen Teil ihrer Kunstsammlung.
St. James's • Stable Yard, SW1 •
U-Bahn: Green Park (c 4) • www.royal collection.org.uk • Tel. für Tickets:
0 20/77 66 73 03 • Aug.– Sept. tgl. 10– 15 Uhr • Eintritt £ 8,50, Kinder £ 4,50

Auch mit der City Hall (▶ S. 70) ist Stararchitekt Lord Norman Foster wieder ein großer Wurf gelungen: beeindruckend die Wendeltreppe im Inneren des Gebäudes.

72 SEHENSWERTES

Seit 1650 wurde in Covent Garden (▶ S. 73) regelmäßig ein Markt abgehalten. In den ehemaligen Markthallen des 19. Jh. befinden sich heute Lokale und Boutiquen.

Cleopatra's Needle ▶ S. 143, E/F 8

Der rosafarbene Granitobelisk am Themseufer mit ägyptischen Inschriften stammt aus der Zeit um 1500 v.Chr., hat also keine Beziehung zu Kleopatra. Er wurde Großbritannien 1819 von Ägypten geschenkt.
Westminster • Victoria Embankment, WC2 • U-Bahn: Embankment (d 5)

Clerkenwell ▶ S. 144, A 10

Ihren Namen verdankt diese lange vergessene und wieder entdeckte Gegend nördlich der City einer heilenden Quelle (»well«). Man befindet sich hier auf historischem Boden, denn die Römer bauten in dieser Gegend ihre ersten Siedlungen. Im 12. Jh. zog der Orden des St. John von Jerusalem Gläubige an, die sich hier niederließen. Relikte dieser Zeit sind heute im **Museum & Library of the Order of St. John** in der St. John's Lane zu finden. Englands älteste katholische Kirche ist die 1250 erbaute **St. Etheldreda** in 14 Ely Place. Sie ist auch Englands einziges

Beispiel früher gotischer Architektur des 13. Jh.

Im 19. Jh. zogen Emigranten nach Clerkenwell – und politisch Radikale: **Lenin** schrieb in einem Hinterzimmer am **Clerkenwell Green** seine Zeitung »Iskra«. Das Zimmer kann man heute in der **Marx Memorial Library**, 37A Clerkenwell Green, sehen. 1924 wurde bei Bauarbeiten in der **Farringdon Road** die alte Quelle wieder entdeckt (noch heute durch ein Fenster in der Farringdon Lane 14–16 zu sehen). In den 1990er-Jahren entdeckten PR-Leute und Werbeagenturen die verfallenen Warenhäuser und Wohnungen des vergessenen Distrikts nahe der City. Es entstand ein moderner Stadtteil mit Szenecafés und schicken Bistros neben Kunsthandwerksläden und Designer-Shops für Schmuck und Mode.

Clerkenwell • EC1 • U-Bahn: Farringdon (d 3)

Covent Garden Market (The Piazza) 4 ▸ S. 143, E 8

Er ist mit seinen zahllosen Läden, Boutiquen, Weinbars und Imbisslokalen großer Anziehungspunkt für Touristen, Jugendliche sowie Künstler, die hier unter freiem Himmel als Jongleure, Clowns oder Stegreifakteure Zuschauer um sich versammeln. **The Piazza** entstand aus den Markthallen des traditionellen Covent Garden – des Gemüse- und Blumenmarkts, der 1974 aus Platzmangel verlegt wurde nach Vauxhall, SW8, zum »Nine Elms«-Markt. Im alten Covent Garden Market fand George Bernard Shaw seine »My Fair Lady«.

Covent Garden • WC2 • U-Bahn: Covent Garden (d 4)

Cutty Sark ▸ S. 151, F 24

Berühmter Tee-Klipper von 1896, der Tee und Gewürze aus China nach England brachte. Am 21. Mai 2007 brannte der alte Segler total aus. Durch ein kleines Fenster im Souvenirladen kann man bei der Wiederherstellung zusehen.

Greenwich • King William Walk, SE10 • BR (British Rail): Greenwich und DLR (Docklands Light Railway): Cutty Sark (e 5) • www.cuttysark.org.uk • frühestens 2012 wieder zu besichtigen

Downing Street ▸ S. 147, E 13

Seit 1735 offizieller Amts- und Wohnsitz (Nr. 10) aller britischen Premierminister. Sir Robert Walpole, der erste Premierminister, erhielt das Gebäude von König George II. Die schmale Downing Street beherbergt auch den Sitz des Finanzministers (Nr. 11). Leider kommt man nicht direkt bis an Nr. 10 heran, da ein von der Polizei bewachtes schmiedeeisernes Tor den Eingang zur Sackgasse Downing Street aus Sicherheitsgründen versperrt.

Westminster • Downing Street, SW1 • U-Bahn: Westminster (c 5) • keine Besichtigung möglich

Eros Fountain ▸ S. 143, D 8

Am »Nabel des Empire«, dem weltberühmten Piccadilly Circus, gelegen. Im Juni 1988 wurde der 1893 von Alfred Gilbert geschaffene Brunnen mit der Eros-Statue neu eingeweiht – die kleine Symbolfigur leidet an den Folgen der Umweltverschmutzung durch den Londoner Verkehr, dem der ganze Brunnen bereits um 13,5 m weichen musste.

Soho • Piccadilly Circus • U-Bahn: Piccadilly Circus (c 4)

Fleet Street ▶ S. 144, A 11

Die berühmte »Straße der Tinte« verdankt ihren Namen der **Fleet**, dem unterirdischen Fluss, der noch heute unter dem Pflaster entlangfließt. Seit dem 15. Jh. galt diese Straße als das Zentrum von Londons Zeitungs- und Verlagswelt, bis moderne Technik Journalisten und Drucker nach Wapping und in die Docklands vertrieb. Die großen Agenturen, wie **Reuters** und **PA** (Press Association) sind weggezogen. Nicht wegzudenken dagegen ist die **St. Bride's Church** (▶ S. 88) von 1703, noch heute die »Kirche der Journalisten«. Auch überlebt haben die berühmten »watering places« der Journalisten, die Pubs wie **El Vino** (Nr. 47), das durch seine spartanische Einrichtung verblüfft. Oder das aus dem Jahr 1602 stammende **Ye Olde Cheshire Cheese** (Nr. 145), das auf Komfort verzichtet, aber (als ehemalige Kunden) Charles Dickens, Ben Johnson und Thackeray vorzuweisen hat. Beim Ale an der Bar wird klar, dass man in London die Zeit nach Jahrhunderten rechnet, nicht nach Jahren.

Temple • U-Bahn: Blackfriars (d 4)

Grand Union Canal (Little Venice) ▶ S. 140, nördl. A 1

Zur Zeit der industriellen Blüte in Englands West Midlands, dem Gebiet um Birmingham, verband der Kanal die Hauptstadt mit jener Gegend. Das war damals die sinnvollste und sicherste Art, Güter zu transportieren. Heute bietet der Grand Union Canal die Möglichkeit zu Fahrten durchs Land. Im Stadtbereich, wo er **Regent's Canal** heißt, eröffnen diese Bootsfahrten durch das idyllische **Little Venice** sowie den **Regent's Park** mit Zoo bis hin zum **Camden Lock** eine ganz neue Perspektive von London. Schön für Wanderungen, beginnend nahe der U-Bahn-Station Warwick Avenue, W9 (b 3).

St. John's Wood

Gray's Inn ▶ S. 143, F 6

Zwischen High Holborn und Theobald's Road liegt seit dem 14. Jh. eine der vier großen Rechtsgelehrtenschulen. Die Anlage gruppiert sich um ein Karree aus wunderschönen Gärten, im Mittelpunkt eine moderne Skulptur von Francis Bacon (1561–1626), dem früheren Mitglied des Gerichtshofs. Hier führte die Theatergruppe von William Shakespeare 1594 zum ersten Mal seine »Komödie der Irrungen« auf.

Holborne • 8 South Square, WC1 • U-Bahn: Chancery Lane (d 4) • www.graysinn.org.uk • Tel. 0 20/74 58 78 00 • die Gebäude können aus Sicherheitsgründen nicht besichtigt werden, die Gärten schon • Mo–Fr 12–14 Uhr • Eintritt frei

Griffin Statue ▶ S. 144, A 11

Der Eingang zur **Fleet Street** wird von der furchterregenden Bronzefigur des Griffin bewacht, einem Fantasie-Greif gegenüber den Gerichtshöfen. Christopher Wren schuf 1880 hier ein Denkmal, **Temple Bar**, einen gewaltigen Bogengang, der von dem Greif gekrönt wurde. Er stellte den Eingang zur City of London dar, den mächtigen Finanzbereich der Hauptstadt. Und laut alter Tradition muss sogar der jeweilige Monarch bei besonderen Anlässen den »Lord Mayor of London« an dieser Stelle um Einlass bitten.

Temple • Fleet Street, EC4 • U-Bahn: Temple (d 4)

Fleet Street – Hampstead Heath (mit Parliament Hill)

König Heinrich VIII. und die Tudorzeit sind aufs Engste mit dem prächtigen Hampton Court Palace (▶ S. 76) verbunden.

Grosvenor Square ▶ S. 141, F 2

Der 1720 bis 1725 angelegte Platz im eleganten Stadtteil Mayfair gehört zum Grundbesitz der Familie des Herzogs von Westminster und gilt als eine der besten Adressen Londons. Der große Bau der Amerikanischen Botschaft beherrschte jahrelang den Platz mit den Statuen von Franklin D. Roosevelt (1948 erstellt) und später Dwight D. Eisenhower. Im Juli 2011 kam ein Denkmal für Ronald Reagan dazu.
Myfair • Grosvenor Square, W1 • U-Bahn: Bond Street (c 4)

Guildhall ▶ S. 144, C 11

Das Rathaus ist seit ca. 1000 Jahren Sitz der mächtigen »Corporation of the City of London«. Die heutige Fassade wurde 1788 bis 1789 von George Dance in einem kunterbunten gotischen Stil geschaffen. **Eingangshalle** und **Great Hall** gehen auf das 15. Jh. zurück. Sehenswert die Statuen der Riesen Gog und Magog, im Kellergewölbe die Krypta aus dem 15. Jh. Die Bibliothek im Westflügel gibt einen Überblick über Londons Geschichte. Hier ist auch das **Clock Museum** der Uhrmacher-Gilde untergebracht. Die Guildhall Art Gallery zeigt insgesamt 4000 Gemälde.
City • Gresham Street, EC2 • U-Bahn: St. Paul's (d 4) • www.cityoflondon.gov.uk • Tel. 0 20/76 06 30 30 • tgl. 10–17 Uhr • Eintritt £ 2,50, Kinder frei, nach 15.30 Uhr und Fr frei

Hampstead Heath (mit Parliament Hill) ▶ S. 143, nördl. D 5

Diese Parkwildnis liegt 145,5 m über dem Meeresspiegel und ist damit der höchste Punkt Londons. Heideland (zum Teil recht abgetreten), Wäldchen, Hirschpark, Teiche, Sandwege … hier tummeln sich die Lon-

Auf den Spuren der Trends von morgen befindet man sich in der King's Road (▶ S. 79). Kleine Boutiquen reihen sich aneinander und verführen zum Spontaneinkauf.

doner sonntags gern. Dieser Hügel spielte bereits 1588 eine wichtige Rolle als Glied einer Signalkette, die die Landung der Spanischen Armada ankündigen sollte.
Hampstead • U-Bahn: Hampstead (c 2)

Hampton Court Palace
▶ S. 146, südwestl. A 16

Der westlich von London an der Themse gelegene Palast war jahrhundertelang Wohnsitz der englischen Monarchen. Diese perfekte Verkörperung des Tudor-Baustils wurde ursprünglich von Kardinal und Kanzler Thomas Wolsey (1475–1530) erbaut und dann von seinem König, Heinrich VIII., konfisziert. Der Architekt Christopher Wren (1632–1723) erweiterte den mächtigen Bau für König William III. und Mary II. Das Typische an diesem königlichen Palast sind die vielen hohen Schornsteine, die rot-weißen Mauerfassaden und die trutzigen Steinskulpturen verschiedener Wappentiere.

Für die Besichtigung, z. B. des **Base Court** oder der Reliefs römischer Kaiser, die Wolsey 1521 von dem italienischen Künstler Giovanni da Maiano kaufte, sollte man sich Zeit nehmen. Lohnend sind auch der **Clock Court** mit der fantastischen **Astronomischen Uhr** von Nicholas Oursian aus dem Jahr 1540 sowie der kunstvoll angelegte Park mit Irrgarten von 1714 und dem See **Long Water**. Das Schloss ist voll mit herrlichen antiken Möbeln und einer wertvollen Kunstsammlung, in der man Originalwerke von Holbein, Rubens, Raphael, Tizian, Cranach, Brueghel und Tintoretto findet. Weininteressierte besuchen den 200 Jahre alten Weinstock in dem speziell dafür gebauten Treibhaus, dessen Stamm einen Durchmesser von 2 m hat und der noch heute pro Jahr 600 Reben hervorbringt.

Die jährliche Blumenausstellung **Hampton Court Flower Show** (1. Julihälfte, Di–So 10–19.30 Uhr) ist eine Augenweide. Im Winter vor dem Palast Schlittschuhbahn, von Dezember bis Januar; Eintritt £ 11,50, Kinder £ 8.

Hampton Court, East Molesey, Surrey • Bahn: Hampton Court • Tel. 08 44/4 82 77 77 • www.hrp.org.uk • im Sommer tgl. 10–18, im Winter bis 16.30 Uhr • Eintritt £ 15,95, Kinder £ 8

Highgate Cemetery

▶ S. 143, nordöstl. F 5

Typisch viktorianischer Friedhof in Nord-London. Die gotische Kapelle sowie die ägyptischen Katakomben können besichtigt werden. An der Ostseite liegt das Grab von Karl Marx (1818–1883). Ebenfalls sehenswert: das Grab der Schriftstellerin George Eliot.

Highgate • Swain's Lane, N6 • U-Bahn: Highgate (d 1) • Tel. 0 20/83 40 18 34 • www.highgate-cemetery.org • Öffnungszeiten telefonisch erfragen • Eintritt Ost-Friedhof £ 3, West-Friedhof nur Sa, nur mit Führung £ 7

Holland Park 👫 ▶ S. 140, westl. A 3

Dieser idyllische Park mit seinen Pfauen, schönen Wanderwegen, dem japanischen Kyoto Garden und einem Restaurant liegt versteckt im Herzen Kensingtons, zwischen Holland Park Avenue und Kensington High Street.

Holland Park • Abbotsbury Road, W14 • U-Bahn: Holland Park (b 4)

Horse Guards Parade

▶ S. 147, E 13

Eine der großen Touristenattraktionen in Whitehall, wo die edlen Pferde der »Household Cavalry« mit ihren Reitern in den Wachhäuschen stundenlang ausharren. Das Gebäude der Horse Guards mit seinen klassizistischen Bögen stammt aus dem 18. Jh. Durch den Mittelbogen blickt man auf den riesigen Paradeplatz, auf dem alljährlich im Juni »Trooping the Colours« stattfindet, die offizielle Geburtstagsparade der Queen. Von Whitehall aus gesehen liegt rechts von der Horse Guard die **Old Admiralty**, in der von der Zeit Heinrich VIII. bis 1964 das Hauptquartier der Royal Marine untergebracht war.

Westminster • Whitehall, SW1 • U-Bahn: Charing Cross (c 4) • Wachwechsel Mo–Sa 11, So 10 Uhr

Hyde Park und Kensington Gardens 👫 ▶ S. 140/141, B 2/3–E 2/3

Die beiden Parks liegen zwischen Bayswater, Park Lane, Knightsbridge und Kensington High Street. Der Hyde Park, Londons »Grüne Lunge« und der größte Park im Zentrum Londons, war einstmals Jagdrevier Heinrich VIII. Im 18. und 19. Jh. war die **Rotten Row** – an der Südseite des Parks – die Flanierstrecke für morgendliche Reiter. Im Nordosten liegt **Speaker's Corner** (▶ S. 88). Im Oktober 2004 weihte die Queen im Hyde Park den »**Diana Memorial Fountain**« ein. Besonders schöne Statuen, die dort zu sehen sind: »Achilles« von Sir R. Westmacott, 1822 zur Erinnerung an Wellingtons Siege aufgestellt, »Rima« (1922) von Jacob Epstein und die zauberhafte »Peter Pan«-Figur von Sir George Frampton. Wunderschön ist auch die Brücke von John Rennie (1826–1828), die über die **Serpentine** vom Hyde Park in die Kensington Gardens führt, dem Park des Kensington Palace, in dem bis 1820 die britischen Monarchen residierten. Im Juni 2000 wurde dort der **Diana, Princess of Wales Memorial Playground** gebaut: ein Abenteuerspielplatz mit Piratenschiff und Sandkästen (▶ S. 62). Die 3 m große Bronzefigur der Isis, der Göttin der Natur, ist die erste neue Skulptur im Hyde Park seit 50 Jahren. Unbedingt einen Besuch wert: die **Serpentine Gallery** für zeitgenössische Kunst und Architektur, mit Restaurant und Café.

Im Juli 2009 enthüllte Prinz Charles das aus 52 fast 3,5 m hohen Edelstahl-Säulen bestehende Mahnmal für die 52 Toten vom 7. Juli 2005, die bei einem Terroranschlag mitten in London ums Leben kamen.

Beide Parks: U-Bahn: Lancaster Gate, Queensway oder High Street Kensington (c 3) • www.royalparks. gov.uk • Hyde Park tgl. 5–24 Uhr • Eintritt frei • Serpentine Gallery • Kensington Gardens, W 2 • U-Bahn: Lancaster Gate, Knightsbridge oder Queensway (c 3) • Tel. 0 20/74 02 60 75 • www.serpentinegallery.org • tgl. 10–18 Uhr • Eintritt frei

Keats House 👫 ▶ S. 143, nördl. D 5

Im idyllischen Hampstead gelegen, war es in den beiden letzten Lebensjahren Wohnsitz des Dichters John Keats (1795–1821). Hier entstanden u. a. seine berühmten »Nachtigall-Oden« und »Hyperion und Endymion«. Das Haus enthält Manuskripte, Aufzeichnungen, Briefe und den Verlobungsring seiner großen Liebe, Fanny Brawne.

Hampstead • Keats Grove, NW3 • U-Bahn: Belsize Park (c 2) • www. keatshouse.cityoflondon.gov.uk • Tel. 0 20/73 32 38 68 • April–Okt.

Di–So 13–17, Nov.–März Fr–So 13–17 Uhr • Eintritt £ 5, Kinder frei

Kensington Palace ▶ S. 140, A/B 3

Der Palast wurde 1689 königlicher Wohnsitz, als William III. und Mary II. ihn erwarben und Christopher Wren mit dem Umbau beauftragten. Heute wird er nur noch von wenigen Mitgliedern der königlichen Familie bewohnt: Prinz Michael von Kent mit Frau sowie die Familie des Herzogs von Gloucester. Es können aber die Staatsräume besichtigt werden. 1981 bezogen Prinz Charles und Diana hier ein Apartment. Seit Juni 2011 wohnt Prinz William mit seiner Frau Catherine wieder hier, im Palast seiner Kindheit.

Sehenswert die **King's Gallery**, der **King's Staircase** und der **Queen's Bedroom**, der der Gattin James' II. gehörte. Die wertvolle Gemäldesammlung birgt u. a. Werke von van Dyck und Artemisia Gentileschi. Wechselnde (Foto-)Ausstellungen finden in Dianas ehemaligem Apartment statt. Zum Afternoon Tea (▶ MERIAN-Tipp, S. 79) lädt die Barock-Orangerie ein.

Kensington • Kensington Gardens • W8 • U-Bahn: Queensway (c 4) • Tel. 08 44/4 82 77 77 • www.hrp.org.uk • tgl. 10–18, im Winter bis 17 Uhr • Eintritt £ 12,50, Kinder £ 6,25

Kenwood House
▶ S. 143, nordöstl. F 5

Das aus der Stuart-Zeit stammende Gebäude wurde 1766 umgebaut. Mit seiner klassizistischen Fassade, der Orangerie und der prachtvollen Bibliothek gilt dieser Bau als das gelungenste Werk des schottischen Architekten Robert Adam. 1925 rettete der Guinness-Erbe, Edward

Cecil Graf von Iveagh, diesen schönen Herrensitz vor dem Zugriff moderner Immobilienmakler, indem er ihn der Stadt London vermachte. Neben der sehr sehenswerten Bibliothek beherbergt das Haus heute eine Kunstgalerie. Stark vertreten sind Thomas Gainsborough, Joshua Reynolds und vor allem holländische Meister wie Aelbert Cuyp und van de Velde, Rembrandt und Vermeer.
Hampstead • Hampstead Lane, NW3 • U-Bahn: Highgate (d 1) • www.english-heritage.org.uk • tgl. 11.30–16 Uhr • Eintritt frei

Kew Gardens
▶ S. 146, südwestl. A 16

Kew Gardens wurde 1759 als »Royal Botanical Gardens« von Prinzessin Augusta am Themse-Ufer eröffnet. Die Gestaltung des 2 qkm großen Geländes oblag Sir Joseph Banks. Das riesige Terrain ist heute nicht nur eine traumhafte Gartenanlage mit Teichen, Tempeln und Wanderwegen, sondern auch eine weltberühmte wissenschaftliche Forschungsanstalt und Ausbildungsstätte.
Sehenswert sind das **Rhododendron-Tal**, die verschiedenen Gärten für Iris, Bambus und Steingewächse sowie das 1770 erbaute Strohdachhaus **Queen Charlotte's Cottage**, in dem früher ländliche Gartenfeste gefeiert wurden. Ein Erlebnis sind das viktorianische **Palm House** (1844–1848 von Decimus Burton entworfen) und das **Princess of Wales Conservatory**, in dem auf 4490 qm Pflanzen aus zehn Klimazonen gedeihen. Nach Renovierung ist der **Kew Palace**, der George III. gehörte, zu besichtigen. Ganz neu: der 18 m hohe **Tree Top Walk** durch die Baumkronen.
Kew • Kew Road, Richmond, Surrey • U-Bahn: Kew Gardens (a 5) • Tel. 0 20/83 32 56 55 • www.kew.org • Feb.–Okt. tgl. 9.30–17.30, Okt.–Feb. 9.30–15.45 Uhr • Eintritt £ 13,90, Kinder frei

King's Road
▶ S. 146, A 15

Sie ist Chelseas pulsierende Haupteinkaufsstraße und führt vom **Sloane Square** bis zu dem Pub **World's End**. Neben den üblichen Trendwearshops finden Sie Antikläden. Die King's Road wurde in den »Swinging Sixties« berühmt.
Chelsea • SW3/SW10 • U-Bahn: Sloane Square (c 4)

Leighton House ▶ S. 140, westl. A 4

Das Haus wurde im Jahr 1865 von dem viktorianischen Maler Lord

---

MERIAN-Tipp

HIGH TEA IM PALAST
▶ S. 140, A/B 3

Den Afternoon Tea in einem der königlichen Schlösser zu genießen, das hat schon was! Der Kensington Palast lädt dazu ein. In der leicht verspielten Orangerie von 1704 genießt der Gast den traditionellen Tee, zu dem die typisch englischen Scones gehören, mit verschiedenen Marmeladen und »clotted Cream«. Ebenfalls typisch sind »Finger Sandwiches« sowie Gebäck und Kekse.
Kensington • Kensington Palace, Kensington Gardens, W8 • U-Bahn: Queensway (c 4) • Tel. 0 20/31 66 61 12 • www.theorangery.uk.com • tgl. 10–18 Uhr • Preis ab £ 15,15

80 SEHENSWERTES

Die Große Amazonas-Wasserlilie zählt zu den spektakulärsten Pflanzen, die man in den botanischen Gärten von Kew Gardens (▶ S. 79) bewundern kann.

Leighton (1830–1896, auch Präsident der Royal Academy) gebaut, der sich damit einen persönlichen Wunsch erfüllte: Denn hinter der schlichten Fassade verbirgt sich ein exotisches Interieur im maurischen Stil. Einen Höhepunkt bildet die »Arabische Halle«, die über zwei Stockwerke hinweg in eine herrliche Kuppel mündet. Die Wände dieses Raumes sind mit kostbaren ornamentalen Kacheln des 13. bis 17. Jh. ausgelegt, unter den Gemälden befinden sich Werke von Lord Leighton selbst und Edward Burne-Jones.
Kensington • 12 Holland Park Road, W14 • U-Bahn: High Street Kensington (b 4) • www.leightonhouse.co.uk • Mi–Mo 10–17.30 Uhr • Eintritt £ 5

Lincoln's Inn ▶ S. 143, F 7

Eine der vier Rechtsschulen, der alle Richter angehören müssen (▶ Gray's Inn, S. 74). Lincoln's Inn wurde im 14. Jh. gegründet. Man tritt von der Chancery Lane her ein, durch die ursprünglichen Tore von 1518. Gegenüber liegt die **Old Hall** (1490–1492) und an der Nordseite des Innenhofs die Kapelle von 1619. Sehenswert die schöne Sonnenuhr von 1794 und vis-à-vis die hübschen Privatgärten. Dahinter öffnet sich **Lincoln's Inn Fields** – einer der größten öffentlichen grünen Plätze Londons.
Holborn • Lincoln's Inn Fields (bei High Holborn), WC2 • U-Bahn: Chancery Lane, Holborn (d 4) • www.lincolnsinn.org.uk • Lincoln's Inn: nur Außenbesichtigung, Lincoln's Inn Fields: Mo–Fr 10–16 Uhr • Eintritt frei

Lloyd's of London ▶ S. 145, D 11

Das futuristische Gebäude sieht aus wie Dutzende von übereinander gestapelten, aufgerollten Ölsardinendosen. Hier pulsiert der weltberühmte internationale Versicherungsmarkt und das Nervensystem von Schiffsunternehmen aus aller Welt. Mr. Edward Lloyd unterhielt 1688 noch ein Kaffeehaus in der Tower Street, in dem sich regelmäßig Eigner trafen, die sich gegen Risiken auf See versichern wollten. So entstand eines der imposantesten und angesehensten Versicherungsunternehmen der Welt.

City • Lime Street, EC3 • U-Bahn: Monument (d 4) • keine Besichtigung

London Bridge   ▶ S. 144, C 12

In ihrer heutigen Gestalt ist sie bereits die dritte Konstruktion; sie stammt von Harold King und wurde 1973 fertiggestellt. Doch die Stelle, an der die London Bridge die Themse überspannt, ist eine der ältesten und historisch interessantesten Londons. Die Römer entdeckten vor 2000 Jahren, dass es an dieser Stelle am einfachsten war, den Fluss zu überqueren, und bauten eine Holzbrücke, wenn auch etwas weiter östlich der heutigen Brücke. Sie überstand den Sturm der Zeit bis 1209, als sie durch eine Steinbrücke ersetzt wurde, die 600 Jahre lang einen der wichtigsten Verkehrswege des mittelalterlichen London darstellte. Häuser, Läden, sogar eine Kapelle standen auf der Brücke. 1831 wurde sie durch den Bau ersetzt, der dann 140 Jahre später an einen Vergnügungspark in Arizona verkauft wurde.

City • U-Bahn: London Bridge (d 5)

The London Dungeon ♀♂
    ▶ S. 149, D 17

Eine Art historisches Gruselkabinett für Leute mit starken Nerven. Es zeigt die weniger ruhmreiche Seite der britischen Vergangenheit mit Folterungen, Vierteilungen, Köpfungen. Alles ist sehr plastisch dargestellt, sogar mit lebensechtem Schreien und Stöhnen untermalt.

Southwark • 34 Tooley Street, SE1 • U-Bahn: London Bridge (d 5) • www.thedungeons.com • tgl. 10–17 Uhr • Eintritt £ 23,10, Kinder £ 17,10

London Eye ♀♂   ▶ S. 147, F 13

Das beliebte Riesenrad hat sich zur großen Besucherattraktion entwickelt. Es ist ein Riesenrad mit 32 klimatisierten Gondeln, das sich in 30 Minuten einmal um sich selbst dreht. Mit 135 m Höhe ist es das größte Europas! Pro Gondel können bis zu 25 Personen mitfahren – die Aussicht reicht 40 km weit, bei klarer Sicht bis zum Städtchen Windsor.

South Bank • Jubilee Gardens (neben County Hall), SE1 • U-Bahn: Westminster und Waterloo (c 5) • www.londoneye.com • Juni–Sept. tgl. 10–21, Okt.–Mai tgl. 10–20 Uhr • Eintritt £ 18,60, Kinder £ 9,55 (unter 5 Jahre frei)

London Mosque
    ▶ S. 142, nordwestl. A 6

Prachtvoller islamischer Bau am Rande des Regent's Park (Einfahrt Richtung Zoo). Das religiöse Zentrum der ständig wachsenden islamischen Gemeinde Londons wurde 1978 vollendet. Golden schimmernde Kuppeln, schöne Mosaikarbeiten.

Regent's Park • 146 Park Road, NW8 • U-Bahn: Baker Street (c 3)

The London Silver Vaults
    ▶ S. 111, F 7

In alten Kellergewölben reihen sich viele Geschäfte mit schönem alten

Gebrauchssilber aus vielen Epochen (Teegeschirr, Tablett, Bestecke) aneinander.

Holborn • Chancery House • 53–64 Chancery Lane, WC2 • U-Bahn: Chancery Lane (d 4) • www.thesilvervaults.com • Mo–Fr 9–17.30, Sa 9–13 Uhr • Eintritt frei

Madame Tussaud's 👫

▶ Familientipps, S. 62

The Mall ▶ S. 146/147, C/D 13

Jeder Fernsehzuschauer kennt von den Zeremonien des Königshauses her jene Prachtstraße, die vom Buckingham-Palace zum Trafalgar Square führt, von Bäumen, Parks und herrschaftlichen Häusern gesäumt. Von Charles II. wurde sie 1660 bis 1662 als offizielle Prachtstraße durch den St. James's Park angelegt, erhielt jedoch erst 1900 bis 1911 von Sir Aston Webb ihr heutiges Aussehen. Webb schuf das Viktoria-Denkmal vor dem Buckingham Palace und entwarf den Admiralty Arch.

Eine sehr hoheitsvolle, fast 3 m hohe Bronzestatue von Königin Elizabeth (1900–2002) wurde in The Mall im Februar 2009 von der Königsfamilie enthüllt. Sie steht damit nur wenige Meter vom Standbild ihres Mannes, König George VI. entfernt.

Das Standbild ist von etlichen Reliefs eingerahmt, die Szenen ihres Lebens wiedergeben, vor allem von ihrem Einsatz während des Zweiten Weltkrieges, der ihr unendliche Zuneigung der Bevölkerung einbrachte. Bildhauer Philip Jackson schuf das Standbild.

St. James's • SW1 • U-Bahn: Charing Cross (c 4) • an Sonn- und Feiertagen sowie bei offiziellen Anlässen für den Autoverkehr gesperrt

Marble Arch ▶ S. 141, E 2

Verkehrsknotenpunkt am Eingang zur Oxford Street, wo auch Park Lane und Bayswater Road zusammenlaufen. Das schöne Tor aus weißem Carrara-Marmor wurde 1828 von John Nash nach dem Vorbild des Constantin-Triumphbogens in Rom geschaffen und sollte den Eingang

WUSSTEN SIE, DASS …

… Marble Arch (ehemals das Dorf »Tyburn«), am Eingang zur Oxford Street, 1571 die erste offizielle Hinrichtungsstätte Londons war? An mehreren Galgen wurden bis zu 24 »Bösewichte« am Tag gehängt. Das grausame Spektakel zog viele Schaulustige an – anstatt wie beabsichtigt als Abschreckung zu wirken.

zum Buckingham-Palast schmücken. Leider war er für die großen Staatskarossen zu klein, und Königin Victoria verdammte das Werk an den heutigen Platz, der von 1388 bis 1793 als Hinrichtungsstätte (»Tyburn Galgen«) traurigen Ruhm erlangte. Eine Gedenktafel erinnert an diese schaurigen Zeiten.

Marble Arch • U-Bahn: Marble Arch (c 4)

Millennium Bridge ▶ S. 144, B 12

Die Fußgängerbrücke (die erste seit 100 Jahren) über die Themse, zwischen St. Paul's Cathedral und der **Tate Modern** am Südufer, wurde von Lord Norman Foster entworfen. Die 330 m lange, hochmoderne Brücke wurde von der Queen im Juni 2000 eröffnet.

City, South Bank • U-Bahn: St. Paul's (d 4)

The London Silver Vaults – Old Bailey

Bereits zu Lebzeiten als Wachsfigur verewigt: der amerikanische Schauspieler Johnny Depp, maskiert als Captain Jack Sparrow bei Madame Tussaud's (▶ S. 62).

WUSSTEN SIE, DASS …

… die Millennium Bridge zwei Tage nach ihrer Eröffnung durch die Queen am 10. Juni 2000 wegen unkontrolliertem Schwanken wieder geschlossen werden musste und erst 2002 wieder für den Publikumsverkehr freigegeben wurde?

The Monument ▶ S. 145, D 12

Von Christopher Wren und Robert Hooke 1671 bis 1677 erbaut. Die 61,57 m hohe Säule erinnert an die große Feuersbrunst von 1666. Sie steht genau 61,57 m von der Stelle entfernt, wo das Feuer ausbrach. Vom Turm hat man einen herrlichen Blick über London.
City • Fish Street Hill, EC 4 • U-Bahn: Monument (d 4) • www.themonument.info • tgl. 9.30–17 Uhr • Eintritt £ 3, Kinder £ 1,50

Nelson's Column ▶ S. 143, E 8

1843 von William Railton zum Gedenken an die Schlacht von Trafalgar (1805) geschaffen, die mit dem Sieg Englands über die spanisch-französische Flotte endete – und mit Nelsons Tod. Auf der 56 m hohen korinthischen Säule steht die 5,5 m große Nelson-Statue. 1868 wurden die vier Bronzelöwen am Sockel von Edwin Landseer hinzugefügt.
Trafalgar Square • U-Bahn: Charing Cross (c 4)

Old Bailey ▶ S. 144, B 11

Englischer Gerichtshof, offiziell heißt er »Central Criminal Court«. Viele berühmte Fälle wurden hier behandelt. Wie in englischen Kriminalfilmen tragen die Richter und Anwälte immer noch Perücken und Talare und formulieren selbst die schärfsten Angriffe in gedrechselter, überaus respektvoller Form. Aber

84 SEHENSWERTES

ein Besuch ist auch ohne gute englische Sprachkenntnisse lohnend.
City • Old Bailey, EC4 • U-Bahn: St. Paul's (d 4)
Zuschauergalerie
Mo–Fr 10–13, 14–17 Uhr (Mindestalter 14 Jahre). Man benutzt den »Public Entrance«. Fotografieren verboten, Eintritt nur ohne Taschen

Oxo Tower ☗☗ ▸ S. 144, A 12

Das stillgelegte Fabrikgebäude wurde zur Kunststätte für ca. 30 Töpfer, Silberschmiede und Maler mit ihren Studios. Dazwischen auf acht Etagen Snackbars, Cafés und ganz oben ein Restaurant mit dem besten Ausblick über London.
South Bank • Oxo Tower Wharf, Bargehouse Street, SE1 • U-Bahn: Southwark oder Waterloo (d 5) • www.southbanklondon.com/attraction/oxotower

Parliament Square ▸ S. 147, E 13

Die **Houses of Parliament** wurden zur selben Zeit angelegt wie der Westminster Palace, also etwa im 12. Jh., damals noch Sumpfgebiet und »Island of Thorney« genannt. Heute braust der Verkehr aus fünf Richtungen auf den von Charles Barry (1795–1860) entworfenen Platz zu, auf dem Denkmäler von den großen Staatsmännern Churchill, Disraeli, Palmerston und Abraham von der englischen Geschichte zeugen. Beachtenswert auch die schöne Relieffassade der **Middlesex Guildhall** (in neugotischem Stil, 1906–1913). Östlich des Parliament Square, beim Birdcage Walk, sollte man sich **Queen Anne's Gate** und die Statue der Königin aus dem Jahre 1708 anschauen.
Westminster • SW1 • U-Bahn: Westminster (c 5)

Piccadilly Circus ▸ S. 143, D 8

Er gilt immer noch als »Mittelpunkt des einstigen Britischen Empires« – und ist einer der verkehrsreichsten Knotenpunkte Londons. Der Platz entstand unter Städteplaner John Nash im späten 18. Jh., als er die elegante Regent Street baute. Hier laufen jetzt außerdem noch die Lower Regent Street, Haymarket, Shaftesbury Avenue und Coventry Street zusammen. Mittelpunkt des Piccadilly Circus: der Brunnen mit der Eros-Statue.
Piccadilly • W1 • U-Bahn: Piccadilly Circus (c 4)

Regent's Park ☗☗ ▸ S. 142, A/B 5

Die ehemaligen Jagdgründe Heinrich VIII. wurden 1828 den Londonern zugänglich gemacht. Der nahezu kreisrunde Park beherbergt neben einem Freilufttheater auch einen der größten Zoos der Welt, den **London Zoo** (▸ S. 95).
Regent's Park • NW1 • U-Bahn: Regent's Park (c 3)

Regent Street ▸ S. 142/143, C/D 8

Die großzügig angelegte Straße trennt den Stadtteil Mayfair von Soho. Vom Städteplaner John Nash entworfen und ab 1817 gebaut, war diese herrliche Straße in elegantem Halbbogen als großer Triumphweg für den Prince Regent vom einstigen Carlton House (dem prachtvollen Palast des Prince Regent) zu den Grünflächen des Regent's Park gedacht. Von Nashs ursprünglichen Häusern ist kaum etwas geblieben, doch das majestätische Halbrund ist noch da – heute jedoch als elegantes Einkaufsparadies.
Mayfair • W1/SW1 • U-Bahn: Piccadilly Circus (c 4)

Old Bailey – Shakespeare's Globe

Richmond Great Park 🍴
▶ S. 140, südwestl. A 4

Einst privates Jagdrevier Heinrich VIII., stellt dieser urwüchsige Park Richmonds jahrhundertealte Verbindung zum Königshaus dar. Abgesehen von großen Rudeln Dam- und Rotwild bietet der Park Lebensraum für seltene Vögel und Tiere.
Richmond • U-Bahn: Richmond (a 5), dann mit dem Taxi oder zu Fuß • tgl. 7.30 Uhr bis Sonnenuntergang

Roman Amphitheatre
▶ S. 144, C 11

2000 Jahre altes Amphitheater aus der Römerzeit. Damals kämpften Gladiatoren hier mit Löwen. Szenen aus Projektoren beleben die archäologischen Ruinen.
City • Guildhall Art Gallery, Guildhall Yard, EC2 • U-Bahn: Moorgate (d 3) • Mo–Sa 10–17, So 12–16 Uhr • Eintritt £ 3, Kinder frei

Royal Courts of Justice
▶ S. 143, F 7

Der Bau des Gerichtshof, auch Law Courts genannt, wurde 1874 von G. E. Street begonnen, 1882 eröffnete ihn Queen Victoria. Das verschwenderisch mit Türmchen und Giebeln gestaltete Gebäude umfasst 88 Gerichtssäle, in denen Zivilklagen verhandelt werden, wie etwa Verleumdungsklagen von Elton John oder Dianas Tod.
Temple • Strand, WC2 • U-Bahn: Temple (d 4) • Tel. 0 20/79 47 60 00 • Mo–Fr 9.30–16.30 Uhr • Eintritt frei (Mindestalter 14 Jahre)

Shakespeare's Globe
▶ S. 144, B 12

Einer der gelungensten »Neubauten« in Bankside ist die originalgetreue Nachbildung von Shakespeare's Globe Theatre, in dem der Barde fast alle seine Stücke urauf-

Berühmt für seine gerne fotografierte Leuchtreklame und die Eros-Statue in der Mitte des Platzes ist der 1819 fertiggestellte Piccadilly Circus (▶ S. 84).

Hier kommt jeder mal zu Wort, der möchte: Speaker's Corner (▶ S. 88) im Hyde Park. Die Kiste (oder Leiter), auf der man stehen möchte, muss man selbst mitbringen.

führte, das jedoch 1613 bei einer Vorstellung abbrannte. Ganz nahe dem ursprünglichen Platz entstand das neue Theater: achteckig wie das Original. Nach oben offen, mit runder Bühne, ohne Kulissenwechsel, wie zu elisabethanischer Zeit.

Das neue Globe ist das Lebenswerk des amerikanischen Schauspielers und Regisseurs Sam Wanamaker, der seinem Idol damit ein Denkmal setzte. Vorstellungen von Mai bis September. Shakespeare-Ausstellung, Souvenirshop, Restaurant und Café sind das ganze Jahr offen. Spielzeit des Theaters ist von April bis Oktober.

Bankside • New Globe Walk, SE1 • U-Bahn: Mansion House oder Southwark (d 4/5) • Tel. 0 20/79 02 15 00 • www.shakespeares-globe.org • Ausstellung und Führung tgl. 10–17 Uhr • Theaterkarten: £ 5–32, Eintritt £ 12,50, Kinder £ 8

Smithfield ▶ S. 144, A/B 11

Londons 800 Jahre alter, traditionsreicher Fleischmarkt, der mit 4,5 qkm

Fläche als einer der großen der Welt gilt, wo pro Woche fünf Millionen Pfund Fleisch umgeschlagen werden. Besucher stören hier nur, außerdem machen Hektik, Hochbetrieb, glitschige Steinfußböden und halbe Rinder an Fleischhaken Smithfields für Besucher nicht ganz ungefährlich.
City • Charterhouse Street, EC1 • U-Bahn: Barbican (d 3) • Mo–Fr 4– 9 Uhr

Soho ▶ S. 142/143, C/D 7/8
Die angeblich »sündige Meile« Londons erweist sich bei näherem Hinsehen als vergleichsweise zahm. Zwar entdeckt man in den vielen kleinen Nebenstraßen, die von der Shaftesbury Avenue, der Hauptschlagader von Soho, abgehen, zahllose Sex-Shops, Strip-Clubs und -Revuen sowie Peepshows und verlockende Werbung für »Lap-Dancing«. Dazwischen allerdings glitzern Theaterfassaden, die mit den Namen ihrer Stars werben (Hollywoodstars reißen sich darum, auf Londons Bühnen zu stehen; für begehrte Stücke schon im Voraus Karten reservieren). Das Viertel zwischen Oxford Street, Regent Street, Shaftesbury Avenue und Charing Cross gibt es schon seit dem 17. Jh.; die beiden kleinen grünen Inseln, der Golden Square und der Soho Square, stammen aus den Jahren 1673 bzw. 1681 – allerdings sind aus jener Zeit keine Häuser mehr erhalten. Hier tobt das Leben: Theater, Musicals, Kinos, Restaurants aller Schattierungen, kuriose Geschäfte und ein faszinierendes Menschengewühl. Chinatown ▶ MERIAN-Tipp, S. 87.
Soho • W1 • U-Bahn: Piccadilly Circus (c 4)

MERIAN-Tipp

CHINATOWN ▶ S. 143, D 8
Um die Gerrard Street herum liegt Chinatown, erkennbar am großen rot-goldenen chinesischen Tor, an dem im Februar jeden Jahres das »Chinese New Year« gefeiert wird. Dort gibt es Restaurants, exotische Delikatessenläden und Märkte. Chinatown wurde zum Teil umgebaut und erheblich erweitert, bis in die Lisle Street hinein. Es besitzt nun mehr Restaurants und bessere Straßen sowie ein »Art Center« für asiatische Kunst. Und ein ganz neues chinesisches Tor. Jazz-Freunde finden den berühmten Ronnie Scott's Club noch immer in der Frith Street. In der Wardour Street hat Englands Filmindustrie kleine Programmkinos und Büros – einst gab Chopin Konzerte in der Meard Street, und Karl Marx arbeitete in einem Büro in der Frith Street.
Soho • W1 • U-Bahn: Piccadilly Circus (c 4)

Somerset House ▶ S. 143, F 8
Zu einem wahren Prachtbau wurde das zwischen 1776 und 1801 für George III. gestaltete Somerset House umgebaut. Die 1000 Räume beherbergten Büros für hohe Regierungsbeamte. Seit 2000 erstrahlt das Gebäude in neuem Glanz und soll künftig für große Veranstaltungen genutzt werden. Daneben sind hier die Kunstgalerien **The Courtauld Gallery** (▶ S. 98) und die **Embankment Galleries** zu Hause. Im großzügigen Atriumhof geben 55 Fontänen dem Ganzen zusätzliches Flair.

Ab Ende November werden sie alljährlich von einer Schlittschuhbahn ersetzt. Restaurants mit Blick auf die Themse.

Embankment • Somerset House • Strand, WC2 • U-Bahn: Covent Garden (d 4) • Tel. 0 20/78 45 46 00 • www.somersethouse.org.uk • tgl. 10–18 Uhr • Eintritt £ 6–10

Speaker's Corner ► S. 141, E 2

Die berühmte Mecker-Ecke für alle, die etwas zu sagen haben oder es zumindest glauben. Speaker's Corner befindet sich in der nordöstlichen Ecke des Hyde Parks. Sonntags ist hier viel Betrieb, und Redner sowie Zuhörer kommen gleichermaßen auf ihre Kosten.

Hyde Park • U-Bahn: Marble Arch (c 4)

St. Bride's Church ► S. 144, A 11

Wegen ihrer Lage wird die kleine Kirche auch die »Kathedrale der Fleet Street« genannt. Das von Christopher Wren im Jahr 1678 geplante Gebäude ist das achte Gotteshaus in 2000 Jahren, das an dieser Stelle errichtet wurde. Der Turm erinnert ein wenig an einen mehrstöckigen Hochzeitskuchen und ist ein besonderes Schmuckstück. In der Krypta sind Ausgrabungsfunde aus römischer Zeit sowie Reste früherer Bauten zu besichtigen.

City • Fleet Street, EC4 • U-Bahn: Blackfriars (d 4) • www.stbrides.com • Mo–Fr 8–18, So ab 10 Uhr • Eintritt frei

St. Helen's ► S. 145, D 11

Weniger die Kirche selbst ist sehenswert als vielmehr die Menschen, die sie besuchen. Jeden Dienstag um 13 Uhr versammelt sich hier eine Gemeinde von Bankern und Maklern aus der City, um sich zunächst am Wort Gottes und danach an Tee und Sandwiches zu laben.

City • Great St. Helen's Street, EC3 • U-Bahn: Liverpool Street (e 3) • www.st-helens.org.uk

St. James's Palace ► S. 146, C 13

Bedeutend als völlig intakter und erhaltener Zeuge vergangener Tudor-Zeiten, der den großen Brand von London überstanden hat, sowie als älteste Londoner Königsresidenz. Heinrich VIII. baute den Palast 1532 an Stelle eines ehemaligen Lepra-Krankenhauses. Als Whitehall Palace 1698 niederbrannte, wurde St. James's offizieller Königssitz, bis der Hof unter Königin Viktoria 1837 in den Buckingham-Palast übersiedelte. Doch noch heute heißt der Hof der Queen »Court of St. James's«. Neue Monarchen werden von hier ausgerufen, ausländische Gesandte hier akkreditiert. Auch die Sekretariate der Prinzen William und Harry sowie der neuen Herzogin von Cambridge befinden sich hier.

St. James's • Pall Mall, SW1 • U-Bahn: Green Park (c 4) • Besichtigung nicht möglich

St. James's Park ►👫 S. 147, D 13

Dieser herrliche Park wurde im 19. Jh. von John Nash neu angelegt. Mit seinen künstlich geschaffenen Seen, exotischen Vögeln, gewaltigen Bäumen im leicht hügeligen Gelände steht er noch ganz im Geschmack jener Epoche. Ursprünglich 1536 von Heinrich VIII. als erster königlicher Park auf einem trockengelegten Sumpfgebiet zwischen St. James's und Whitehall Palace entworfen.

St. James's • SW1 • U-Bahn: St. James's Park (c 4) • tgl. 5–24 Uhr

St. Martin-in-the-Fields

▶ S. 143, E 8

Der Ursprung der »Pfarrkirche des Britischen Empire« geht auf das Jahr 1222 zurück. Als Architekt James Gibbs St. Martin-in-the-Fields 1722 bis 1726 in einem ungewohnten klassischen Stil baute, der an einen römischen Tempel erinnerte, hatten die Londoner Mühe, sich an das weiße Gebäude zu gewöhnen. Sehenswert: die venezianischen Ostfenster und die Empore. Die Popularität dieser Kirche rührt nicht nur von den Lunchtime- und Abendkonzerten her, sondern auch von der 70 Jahre alten karitativen Tradition der »Social Care Unit«: Jeden Sonntag werden hier Obdachlose mit Essen versorgt. Auf dem **Craftsmarket** im Kirchhof gibt es sehr preiswert Kunstgewerbe und Bücher. Empfehlenswert: die Cafeteria in der Krypta.

Trafalgar Square • Trafalgar Square, WC2 • U-Bahn: Charing Cross (c 4) • www.stmartin-in-the-fields.org • Mo–Mi 8–19, Do–Sa 8–21, So 8–18 Uhr • Eintritt ab £ 4,50 • Lunchtime-Konzerte Mo, Di, Fr 13–14 Uhr • Spenden erwünscht

St. Mary-le-Bow

▶ S. 145, C 11

Nur wer in Hörweite ihrer Glocken, der berühmten »Bow Bells«, geboren ist, darf sich als echter »Cockney« bezeichnen. Christopher Wren baute die Kirche nach dem großen Feuer von 1666 auf dem normannischen Gewölbe (um 1100), nach dem das Gotteshaus seinen Namen trägt, wieder auf und krönte sein Werk mit einem prächtigen Turm.

City • Bow Lane, Cheapside, EC2 • U-Bahn: Mansion House (d 4) • www. stmarylebow.co.uk • Mo–Fr 7–18 Uhr

St. Pancras International

▶ S. 143, E 5

Die Endstation für den Eurostar galt als baulicher Triumph, als Sir George Gilbert Scott dieses Gebäude 1874 schuf. Es mutet eher wie eine neugotische Kathedrale an. Architektonisches Meisterstück war allerdings das gewaltige Bahnhofsgewölbe, dessen kühne Glas- und Eisenkonstruktion von einem einzigen Träger gehalten wird. Kürzlich wurde hier das luxuriöse Fünf-Sterne-Hotel St. Pancras Renaissance wiedereröffnet.

St. Pancras • Euston Road, NW1 • U-Bahn: St. Pancras (d 3) • www.stpancras.com

St. Paul's Cathedral 5

▶ S. 144, B 11

Ohne Zweifel ist dieses Gotteshaus Christopher Wrens großartigstes Werk, dem er ganze 35 Jahre seines Lebens widmete. Die monumentale Kathedrale wurde von 1675 bis 1710 an der Stelle gebaut, an der seit 604 eine der größten Kirchen Europas stand, bis sie dem Feuer von 1087 zum Opfer fiel. Im Mittelalter begann der Bau eines neuen Gotteshauses, das im 13. Jh. nochmals vergrößert und 1315 mit der Errichtung eines 149 m hohen Kirchturms vollendet wurde. 1561 brannte der riesige Kirchturm nieder, die Kirche verfiel. Als 1666 das große Feuer wütete, verbrannte auch der Rest. Das gab Wren die Gelegenheit, etwas ganz Neues zu schaffen. Er setzte sich mit seiner Idee durch, statt eines Kirchturms eine Kuppel – nach dem Vorbild der großen Renaissancekirchen Italiens – über dem Mittelkreuz zu bauen. Getragen von acht wuchtigen Bögen, mit viktorianischen Mosaikarbeiten in den Spandrillen – die Anlehnung an die Fresken der Sixtinischen Kapelle sind unübersehbar.

In der **Krypta** liegen die Gruften von Wellington und Nelson. In der »Malerecke« sind u. a. Reynolds, Turner, van Dyck, Constable und William Blake begraben. Auch Wren fand hier seine letzte Ruhestätte.

Wer sich in die Flüster-Galerie (Golden Gallery) und die Kuppel begibt und von dort (schwindelfrei) weitere 542 Stufen erklimmt, wird mit einem herrlichen Panorama belohnt.

City • Ludgate Hill, EC4 • U-Bahn: St. Paul's (d 4) • www.stpauls.co.uk • Mo–Sa 8.30–16 Uhr • Eintritt £ 14,50, Kinder £ 5,50

Staple Inn ▸ S. 144, A 11

Ganz in der Nähe von Gray's Inn haben zwei Häuser seit den Tagen Shakespeares dem Sturm der Zeiten standgehalten. Das Fachwerk aus Balken und Lehm ist bis heute unverändert. Durch einen schmalen Torweg gelangt man in den Hof.

Im Haus Nr. 2 lebte von 1759 bis 1760 der Literat und Lexikograph Dr. Samuel Johnson. Hier entstand in nur einer Woche das Werk »Rasselas«, denn Samuel Johnson brauchte dringend Geld, um die Beerdigung seiner Mutter bezahlen zu können.

Holborn • High Holborn, EC1 • U-Bahn: Chancery Lane (d 4) • www.stapleinn.co.uk

The Temple ▸ S. 144, A 11/12

Bis zu seiner Auflösung im Jahr 1312 war hier der Sitz des mächtigen geistlichen Ordens der Templer. Im 15. Jh. wurde das weitläufige Gelände eine Rechtsgelehrtenschule. Wo man heute von der heftig pulsierenden Fleet Street aus den Eingang

zum **Inner** und **Middle Temple** mühsam suchen muss, war zur Gründungszeit, 1160, noch freies Feld vor den Stadtmauern. Heute geht man durch den Torweg und betritt überrascht ein Fleckchen mit schönen historischen Gebäuden. Blühende Gartenanlagen, der **Inner Temple Garden**, schließen sich am Victoria Embankment an.

Embankment • Fleet Street, EC4 • U-Bahn: Temple (d 4) • www.temple church.com

Temple of Mithras ▸ S. 144, C 11

Die Überreste dieses römischen Tempels aus dem 2. Jh. n. Chr. entdeckte man 1954 bei Ausschachtungsarbeiten. Das unterirdische Heiligtum war von römischen Soldaten für den verehrten Gott Mithras errichtet worden. Dem Kult gehörten nur Männer an, die sich in diesem Tempel zu geheimen Zeremonien trafen.

City • 18 Walbrook, EC4 • U-Bahn: Bank (d 4)

Thames (Themse)

Londons Lebensader entspringt in den Hügeln der Cotswolds bei Cirencester und misst bis zur Mündung bei Nore 338 km. London wuchs von der Themse her: Einwanderer kamen auf dem Wasserweg und ließen sich hier nieder, hauptsächlich östlich des heutigen Stadtkerns. Doch die ersten Fremden, die sich den Fluss zunutze machten, waren die Römer, die im Jahre 43 n. Chr. eine Brücke über den Fluss bauten, dicht an der Stelle, wo heute die London Bridge steht.

Schon im Jahre 60 n. Chr. war London ein blühender Hafen. Davon ist heute jedoch nicht mehr viel übrig. In den ehemaligen Docks entstanden inzwischen moderne Wohnanlagen. Ausflüge auf der Themse:

City Cruises ▶ S. 147, E 13

Ab Westminster Pier nach Waterloo, Tower Pier und Greenwich.
Westminster • Tel. 0 20/77 40 04 00 • www.citycruises.com • tgl. ab 10 Uhr • einfache Fahrt £ 10, Kinder £ 5

London Duck Tours ▶ S. 147, F 13

Ganz neu: London vom Amphibienfahrzeug aus, auf Fluss und Straße. Von der Themse rauf zum Trafalgar Square in »Gelber Ente«.
South Bank • Ab Chicheley Street, Waterloo, London Eye • Tel. 0 20/79 28 31 32 • www.londonducktours.co.uk • tgl. ab 10 Uhr • Erwachsene £ 21, Kinder £ 14–16

The Thames Barrier
▶ S. 151, östl. F 23

Die Flutbarriere in der Themse, 1982 eingeweiht, wird gern als technisches Wunder beschrieben. Vier riesige Halbmonde liegen 16 km von der Innenstadt entfernt auf der Höhe von Charlton. Die 550 m breite Flusssperre schließt sich automatisch, sobald das Wasser einen bestimmten Pegelstand überschreitet. Man gelangt mit dem Themsedampfer oder per Bus dorthin.
Woolwich • Unity Way, SE18 • Bahnstation: Charlton, U-Bahn: North Greenwich (f 4/5), dann Bus • Boote vom Westminster Pier: tgl. 10.30–17 Uhr • Ausstellung: Tel. 0 20/83 05 41 88 • April–Sept. tgl. 10.30–16, Okt.–März tgl. 11–15 Uhr • Eintritt £ 3,50, Kinder £ 2

Tower Bridge ▶ S. 145, E 12

Das Wahrzeichen Londons ermöglicht einen freien Blick über die Themse mit **Butler's Wharf**, **HMS Belfast** und dem **St. Katherine's Dock**. Man steigt vom **North Tower** aus auf den verglasten Laufgang, der zum Südturm führt. Die Tower Bridge, 1886 bis 1894 erbaut, ist

Die Tower Bridge (▶ S. 91) verbindet die City mit South Bank.

die östlichste aller Themse-Brücken. Sie gilt bis heute als Meisterstück viktorianischer Ingenieurskunst. Das **Tower Bridge Museum** informiert über die Baugeschichte. Die **Tower Bridge Exhibition** ist die jüngste Touristenattraktion im Mittelstück der Tower Bridge zwischen den beiden Türmen: Mit künstlichen Figuren wird die Zeit der alten Dampfmotoren veranschaulicht. Restaurant und Souvenir-Shop.
Tower Hill • Tower Bridge, SE1 • U-Bahn: Tower Hill (e 4) • www.towerbridge.org.uk • tgl. 9.30–18 Uhr • Eintritt £ 8, Kinder £ 3,40

92 SEHENSWERTES

Tower of London 🔲 ▸ S. 145, E 12

Die mittelalterliche Trutzburg mit ihren Türmen, Zinnen und Schießscharten war, als Wilhelm der Eroberer sie 1078 bauen ließ, lediglich eine Holzkonstruktion. Die Fertigstellung des Towers zog sich über mehrere Jahrhunderte hin. Erst unter Edward I. (1272–1307) erfolgte die Umwandlung von der normannischen Festung zum mittelalterlichen Schloss. Zwölf Türme waren dem ersten, dem **White Tower**, gefolgt. Ein Wachturm überblickte die Zugbrücken über den 38 m breiten Burggraben. Die gesamte Anlage war also bereits Anfang des 14. Jh. fertiggestellt.

Die Geschichte des Towers ist mit Gewalt, Blut und Tod geschrieben. »In den Tower geworfen werden« ist noch heute ein geflügeltes Wort in England. Auch Rudolf Hess lernte den Tower 1941 von innen kennen.

Bis James I. den Thron bestieg, war der Tower Hauptwohnsitz der englischen Könige. Wegen seiner festungsartigen Sicherheit wurde er auch als Schatzkammer und Waffenarsenal genutzt. Und natürlich als Gefängnis. Seit 1994 sind die **Kronjuwelen** in einem neuen Flügel des Towers zu besichtigen: dem »Jewel House«. Alte Traditionen blieben bewahrt: Wie zur Zeit Heinrich VII. 1485 wird die Burg von den »Beefeaters«, den Yeomen Warders, in ihrer traditionellen Tudor-Uniform bewacht. Auch die **Ceremony of the Keys** (Schlüsselzeremonie) überlebte: Um 22 Uhr jeden Abend wird der Tower verriegelt. Selbst die Fleischkost der Raben steht auf der offiziellen Kostenliste, denn der Sage nach würde der Tower einstürzen, wenn sie ihn verlassen.

Sehenswert: das **Traitor's Gate**, der Wakefield Tower und vor allem der Bloody Tower: Im **Wakefield Tower** wurde während des Rosenkrieges (1455–1485) Henry VI. im Auftrag Edward IV. ermordet, im **Bloody Tower** starben die Kinder Edward IV. durch das Urteil ihres Onkels Richard III. Der Henker-Block ist auf dem Tower Green zu besichtigen. Im White Tower befindet sich die älteste Kirche Londons: die **Chapel Royal of St. John** (1085) mit ihrer normannischen, fast schmucklosen Architektur.

Tower Hill • EC3 • U-Bahn: Tower Hill (e 4) • www.hrp.org.uk • März–Okt. Di–Sa 9–17.30, So–Mo 10–17.30, Nov.–Feb. tgl. 10–16.30 Uhr • Eintritt £ 19,80, Kinder £ 10,45

Trafalgar Square 🔲 ▸ S. 143, E 8

Der großartige Platz wird eingerahmt von der **National Gallery**, dem **Canada House**, dem **South Africa House** und der Silhouette der »Pfarrkirche des Empire«, **St. Martin-in-the-Fields**.

Nelsons Sieg bei Trafalgar war der Anlass zum Bau des Platzes. Von dem Städtebauer Nash um 1820 geplant, dann 1840 von Sir Charles Barry angelegt, stellt dieser Platz so etwas wie ein Symbol (einstiger) britischer Macht dar. Hier laufen die Pall Mall, die Mall, Whitehall und Charing Cross zusammen. Wahrzeichen sind die 56 m hohe Nelson-Säule und die viktorianischen Statuen englischer Feldherrn. Die neueren Löwen-Brunnen erbaute Sir E. Landseer Lutyens 1939. Der gesamte Platz wurde 2003 neu gestaltet, zu einer Piazza für Veranstaltungen.

Trafalgar Square • U-Bahn: Charing Cross (c 4)

Westminster Abbey

▶ S. 147, E 14

Offiziell »The Collegiate Church of St. Peter in Westminster« genannt und seit 900 Jahren der Ort für königliche Krönungen, Hochzeiten und Beerdigungen. Diese enge Bindung zwischen Abbey und Thron geht auf Wilhelm den Eroberer zurück, der 1066 die neue, aber unvollendete Westminster Abbey für seine Krönung wählte. Den Grundstein zur Abbey im romanischen Baustil hatte ein Jahr vorher Eduard der Bekenner gelegt.

1245 ordnete Heinrich III. weitgehende Umbauten an, wobei die Kathedralen von Reims und Amiens als Vorbild dienten. Heinrich VIII. machte die Abbey 1540 zur Kathedrale mit einem eigenen Bischof. Erst unter Elizabeth I. wurde das Gotteshaus Stiftskirche der Church of England.

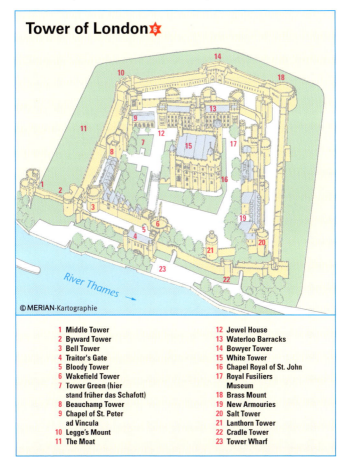

1 Middle Tower
2 Byward Tower
3 Bell Tower
4 Traitor's Gate
5 Bloody Tower
6 Wakefield Tower
7 Tower Green (hier stand früher das Schafott)
8 Beauchamp Tower
9 Chapel of St. Peter ad Vincula
10 Legge's Mount
11 The Moat
12 Jewel House
13 Waterloo Barracks
14 Bowyer Tower
15 White Tower
16 Chapel Royal of St. John
17 Royal Fusiliers Museum
18 Brass Mount
19 New Armouries
20 Salt Tower
21 Lanthorn Tower
22 Cradle Tower
23 Tower Wharf

Sehenswert: die **Kapelle Heinrich VII.** im vollendeten Perpendicular Style. Sie wurde 1519 von Hofbaumeister Robert Vertue als letzte Ruhestätte für den Beender der Rosenkriege erbaut. Viele große Namen fanden in der Abbey ihre letzte Ruhestätte: z.B. Isaac Newton, Charles Darwin und in der **Poet's Corner** Charles Dickens. An der Westseite sollte man die Statue des deutschen Pastors Dietrich Bonhoeffer betrachten, der dort als einer der Märtyrer des 20. Jh. geehrt wird.
Westminster • Broad Sanctuary, SW1 • U-Bahn: Westminster (c 5) • Tel. 0 20/72 22 51 52 • www.westminster-abbey.org • Mo–Fr 9.30–15.30, Mi 9.30–18, Sa 9.30–13.30 Uhr • Eintritt £ 16, Kinder £ 6

Westminster Bridge ▶ S. 147, E 13

1862 von Thomas Page gebaut. Die gusseiserne Konstruktion ersetzte die ursprüngliche Brücke von 1749 (damals die zweite Brücke über die Themse). Der Bau der 277 m langen und 28,5 m breiten Brücke, die Westminster mit dem Stadtteil Lambeth verbindet, war anfänglich äußerst umstritten. Vor allem die Fährleute fürchteten um ihren Lebensunterhalt. Von hier aus lohnt sich zu jeder Tages- und Nachtzeit ein Blick auf die Houses of Parliament und Big Ben. Thomas Thorncrofts Statue der legendären Königin Boadicea, die den Römern trotzte, wurde 1902 hier aufgestellt. An der Südseite der Brücke kann man den steinernen Löwen aus geheimnisvollem Coade-Stein bewundern.
Westminster • SW1 • U-Bahn: Westminster (c 5)

Westminster Palace (Houses of Parliament) ▶ S. 147, E 13/14

Die Ursprünge des Palastes gehen zurück auf das Jahr 1000, als der König seinen Hof von Winchester

Mit seinen unzähligen Steinfiguren, Spitztürmen, Verzierungen und bleiverglasten Fenstern ist Westminster Palace (▶ S. 94) eines der schönsten Bauwerke Londons.

nach Westminster verlegte. Sein Sohn William Rufus schuf Westminster Hall, damals die größte Versammlungshalle in Europa. Der König berief seine Lords, Ritter und Edelmänner hierher zur Beratung (**House of Lords**). Als auch die Sprecher der Städte und Bezirke ihre Stimme erhoben (ca. 1332), entstand das **House of Commons**. Unter Heinrich VIII. wurde Westminster zum Parlament. Nach dem Brand von 1837 begann Sir Charles Barry mit dem Wiederaufbau.

WUSSTEN SIE, DASS ...

... Big Ben inzwischen über 150 Jahre alt ist? Da Uhr und Glockenschlag berühmt sind für ihre Pünktlichkeit, wird diese ständig geprüft und – wenn nötig – mit Münzen auf dem Pendel eingehalten!

Abends sind Parlament und der **Clock Tower** mit **Big Ben** angestrahlt. Fälschlicherweise wird immer der ganze Turm »Big Ben« genannt. Dabei heißt nur die riesige Glocke in der Uhr so – nach ihrem Erbauer Benjamin Hall.
Westminster • Parliament Square, SW1 • U-Bahn: Westminster (c 5) • House of Commons: Tel. 0 20/ 72 19 42 72
House of Lords: Tel. 0 20/72 19 31 07 • www.parliament.uk
Besuchergalerien: nur wenn das Unter- und Oberhaus tagt • Eintritt frei
Unterhaus: Mo, Di 14.30–22.30, Mi 11.30–19.30, Do 10.30–18.30
Oberhaus: Mo, Di 14.30–22, Mi ab 15, Do 11–19.30
Westminster Hall: Di, Mi 9.30–11.30, 14–16.30, Do 14.30–17.30 Uhr

Westminster Roman Catholic Cathedral ▸ S. 146, C 14

Die Hauptkirche der Katholiken in England, ein Backsteinbau im byzantinischen Stil mit herrlichem Kampanile, wurde 1903 von John Francis Bentley erbaut. Vorbild war die Hagia Sophia in Istanbul, der Kampanile erinnert dagegen stark an den des Doms von Siena. Reiche Innenausstattung in grauschwarzem Marmor. Die Westminster Cathedral (so die Kurzform in manchen Reiseführern) ist auch der Amtssitz des Oberhaupts der katholischen Kirche Englands, des ersten Erzbischofs von Westminster.
Westminster • Ashley Place, SW1 • U-Bahn: Victoria (c 5) • www.westminstercathedral.org.uk

Zoological Gardens (London Zoo) 👫 ▸ S. 142, nördl. A/B 5

Der zweitälteste Zoo der Welt (1826 gegründet) und auch einer der wichtigsten. Dieser riesige Tierpark nimmt einen großen Teil des Regent's Park ein. Die Bedeutung des Londoner Zoos liegt nicht zuletzt in dem Versuch, neue Wege bei der Tierhaltung zu beschreiten. 1965 schuf der Designer und Hoffotograf Lord Snowdon die Voliere **Snowdon Aviary**. Sehenswert auch die **Mappin Terraces**, wo Pelikane, Wildschweine und Bergziegen auf einem künstlich angelegten Berg leben. Kinder werden besonders den **Children's Zoo** mögen, wo sie junge Tiere streicheln können. Interessant auch das Insektenhaus – das größte der Welt.
Regent's Park • NW1 • U-Bahn: Camden Town (c 2) • www.zsl.org/ zsl-london-zoo • März–Okt. tgl. 10–17.30, Nov.–Feb. tgl. 10–16 Uhr • Eintritt £ 19,50, Kinder £ 15,60

Museen und Galerien
Schätze aus aller Welt und allen Epochen von Kunst bis Naturwissenschaft wollen in London entdeckt werden. Die Zeit steht hier nie still.

◄ Der Innenhof des British Museum (► S. 97) ist mit einer spektakulären Stahl-Glas-Konstruktion überdacht.

In den großen Museen der Weltstadt wurden seit Jahrhunderten kostbare Schätze und Funde vieler Völker und versunkener Kulturen aus allen Teilen des Empires zusammengetragen, die ein äußerst beeindruckendes Bild der Vergangenheit vermitteln: Die Spanne reicht vom englischen Lindow Man und den Elgischen Marmorreliefs im **British Museum** über Galileis Fernrohr im **Science Museum** bis zum Skelett des Dinosauriers im **Natural History Museum**.
Kunstfreunde kommen in der **Tate Britain** und der neuen **Tate Modern** sowie der **Royal Academy of Arts** auf ihre Kosten. Daneben haben sie die Wahl zwischen einer Fülle unterschiedlichster, ganz spezifischer Museen und Galerien, wie z. B. dem **Freud Museum** in Hampstead (NW3), dem im Februar 2006 eröffneten **Cartoon Museum** in 35 Little Russell Street (WC1) oder dem **Florence Nightingale Museum** im St. Thomas Hospital (SE1). Etwas ganz anderes bietet das Museum der »British Dental Association« in der Wimpole Street (W1), wo an Folterinstrumenten deutlich wird, was Zahnärzte ihren Patienten früher antaten.
Private kleine Kunstgalerien finden Sie in Mayfair, St. James's und Bond Street. Wer sich für modernes Design und Malerei interessiert, sollte nach Islington fahren (N1) zum **Business Design Centre**, das mit seinen Ausstellungen immer wieder überrascht. Die **Saatchi Gallery** (Duke of York Square, SW3) ist für ziemlich provozierende moderne Kunst bekannt.

Die County Hall Gallery (South Bank, SE1) zeigt Wechselausstellungen zu großen Meistern. Es lohnt sich auch, zur **Queen's Gallery** zu gehen, wo lange verborgene Kunstschätze aus dem Privatbesitz des Königshauses in einem speziell dafür gebauten Flügel des Buckingham-Palasts gezeigt werden.
Informationen zu kleineren Galerien sind unter www.newexhibitions.com erhältlich.

MUSEEN

Alexander Fleming Laboratory Museum

► S. 140, C 1

Wer war der Mann, der das Penicillin entdeckte, für das er 1945 mit dem Nobelpreis ausgezeichnet wurde? Dieses Museum, das das Labor des schottischen Mikrobiologen zeigt, verrät viel über Arbeit, Geräte und Gegebenheiten, die 1928 zu der Entdeckung führten, die die Welt der Medizin veränderte.
Paddington • St. Mary's Hospital, Praed Street, W2 • U-Bahn: Paddington (b 3) • www.medicalmuseums. org/Alexander-Fleming-Laboratory-Museum • Mo–Do 10–13 Uhr • Eintritt £ 4, Kinder £ 2

British Museum 9 ► S. 143, E 6/7

Ohne Zweifel eines der größten und bedeutendsten Museen der Welt. Es entstand 1753 mit den 80 000 Gegenständen aus der Privatsammlung des Naturwissenschaftlers und Arztes Sir Hans Sloane – zoologischen Sammelstücken, Mineralien, Antiquitäten, seltenen Büchern und Zeichnungen. Besonders beeindruckend ist die Vielfalt der Exponate, wenn man bedenkt, dass sie zwei Millionen Jahre menschlicher Entwicklung auf unserem Erdball widerspiegeln. Die

MUSEEN UND GALERIEN

immense Fülle der Schätze ist auf etwa 90 Abteilungen verteilt, die sich über 4 km hinziehen. Neuerdings gibt's auch ein Restaurant.

Als Georg III. 1823 seine gewaltige Privatbibliothek dem Staat vermachte, erging der Auftrag für den Bau eines neuen, grandiosen Gebäudes an den jungen Architekten Robert Smirke, damit die Kunstschätze des Landes in einem würdigen Rahmen zur Geltung kamen. 1838 war der neoklassische Bau, der sich um einen quadratischen Innenkomplex gruppiert, vollendet. Unter den zahllosen Schätzen und Kostbarkeiten des Britischen Museums befinden sich etliche der schönsten Skulpturen des griechischen, römischen und ägyptischen Altertums. Archäologische Funde aus dem alten Assyrien und Babylon, Kunstwerke aus dem alten China, insbesondere der Ming-Dynastie und Shang-Periode.

Unbedingt sehenswert: die »Elgin Marbles« (griech. Marmoreliefs) in Raum 8.

Auch hier hat der Bauboom zum Millennium ein wahres Wunder moderner Architektur vollbracht: Lord Norman Fosters Riesengewölbe aus Glas und Stahl, das den Atriumhof des British Museum überdeckt. Vom Reading Room in der Mitte des Hofes spannt sich jetzt dieses herrliche Dach, das das Quadrat der Museumstrakte miteinander verbindet. Es entstand der **Great Court**, mit klassischen Skulpturen, Säulengängen, aber auch Ruheplätzen, Restaurants und vor allem viel Platz. Man spricht zu Recht von einem Meisterwerk! Bloomsbury • Great Russell Street, WC1 • U-Bahn: Tottenham Court Road (c 4) • www.britishmuseum.org • Sa–Mi 10–17.30, Do, Fr 10–20.30 Uhr •

Eintritt frei • für Sonderausstellungen kann allerdings Eintritt erhoben werden

Cabinet War Rooms ▸ S. 147, D 13

Churchill Museum: das Hauptquartier von Sir Winston Churchill während des Zweiten Weltkriegs. Über 5 m unter dem Ministerium arbeitete der Kriegsstab. Wohn- und Arbeitsräume wurden als Museum eingerichtet. Der unterirdische Bunker, in dem alle Nachrichten zusammenliefen und Kriegsentscheidungen getroffen wurden, in dem Churchill arbeitete und gelegentlich schlief, ist so geblieben, wie er war, mit alten Telefonen und Churchills berühmten Zigarren sowie Landkarten und Geheimpapieren.

Westminster • Whitehall, Clive Steps, King Charles Street, SW1 • U-Bahn: Westminster (c 5) • ww.iwm. org.uk • tgl. 9.30–18 Uhr • Eintritt £ 15,95, Kinder frei

The Courtauld Gallery
▸ S. 143, F 8

Der Textil-Magnat Samuel Courtauld gründete mit seiner privaten Kunstsammlung dieses Museum. Andere Sammlungen kamen dazu. Werke von Manet, Cézanne und Gauguin hängen neben flämischen und italienischen Meistern aus dem Besitz des Grafen Seilern. Den Rubens-Gemälden ist sogar ein ganzer Raum gewidmet.

Embankment • Somerset House • Strand, WC2 • U-Bahn: Covent Garden oder Temple (d 4) • www.courtauld. ac.uk • tgl. 10–18 Uhr • Eintritt £ 6

Design Museum ▸ S. 149, E 17

Von dem Londoner Designer Sir Terence Conran ins Leben gerufen.

British Museum – The Fan Museum 99

Von den Cabinet War Rooms (▶ S. 98) aus lenkte Winston Churchill im Zweiten Weltkrieg die britische Kriegsführung: Planungszentrum war der Kartenraum.

Das Ziel des Museums ist es, die Bedeutung guter Formgebung auch bei Alltagsgegenständen zu verdeutlichen. Nach dem Museumsbesuch lohnt sich das Ausruhen im **Blue Print Café**, das im selben Gebäude Kuchen und kleine Speisen serviert.
Southwark • Butler's Wharf, 28 Shad Thames, SE1 • U-Bahn: Tower Hill (e 4) • www.designmuseum.org • tgl. 10–15 Uhr • Eintritt £ 11, Kinder frei
Blue Print Café: Tel. 0 20/73 78 70 31 • Mo–Sa 12–23, So 12–16 Uhr

Dickens Museum ▶ S. 143, F 6

Obwohl Charles Dickens (1812–1870) in diesem Haus nur drei Jahre lang lebte, ist hier die umfassendste Erinnerungsstätte an den Schriftsteller untergebracht. »Oliver Twist« und »Nicholas Nickleby« sind hier entstanden, Werke, in denen er die Welt der kleinen armen Leute des viktorianischen Zeitalters anschaulich macht. Viele Bücher, Manuskripte und andere Dokumente wurden gesammelt. In den Räumen, die im Stil der Dickens-Ära möbliert sind, werden auch Wechselausstellungen zu verschiedenen Aspekten seines literarischen und sozialpolitischen Schaffens veranstaltet.
Ganz neu ist »Dickens World«. Geboten wird ein Besuch in der alten Welt von Dickens in Chatham/Kent (www.dickensworld.co.uk).
Bloomsbury • 48 Doughty Street, WC1 • U-Bahn: Russell Square (d 3) • www.dickensmuseum.com • tgl. 10–17 Uhr • Eintritt £ 7, Kinder £ 3

The Fan Museum
▶ S. 151, südl. F 24

Dies ist das einzige Museum der Welt, das sich ausschließlich mit den unterschiedlichsten Ausführun-

gen von Fächern beschäftigt – aber auch ihrer Herstellung. 3500 überwiegend antike Fächer aus vielen Ländern liegen dem Museum zugrunde. Das älteste Exponat stammt aus dem 11. Jh., und man hat die Geschichte des Fächers sehr gewissenhaft erforscht: ihre gesellschaftliche Rolle, den Fächer als Statussymbol, als modisches Accessoire und als Mittel zur Kontaktaufnahme zwischen den Geschlechtern. Dienstags und sonntags wird Afternoon Tea (£ 6) in der Orangerie gereicht.
Greenwich • 12 Crooms Hill, SE10 • DLR: Cutty Sark (e 5) • www.fan-museum.org • Di–Sa 11–17, So 12–17 Uhr • Eintritt £ 4, Kinder frei

Geffrye Museum ▶ S. 145, E 9

Das ehemalige Armenhaus aus dem 17. Jh. zeigt anhand einer Folge von Räumen, die im Stil verschiedener Jahrhunderte komplett eingerichtet sind, die Geschichte der englischen Innenarchitektur.
Shoreditch • 136 Kingsland Road, E2 • U-Bahn: Liverpool Street (e 3), dann Bus 149 • www.geffrye-museum.org.uk • Di–Sa 10–17, So 12–17 Uhr • Eintritt frei, Sonderausstellung £ 5

Handel House Museum
▶ S. 142, B 8

Das Wohnhaus des größten deutschen Barockmusikers neben Johann Sebastian Bach ist heute ein Museum. Georg Friedrich Händel (1685–1759) lebte hier in Mayfair von 1723 bis zu seinem Tod und komponierte einige seiner wichtigsten Werke wie den »Messias« sowie Konzerte, Orgel- und Klaviermusik.
Mayfair • 25 Brook Street, W1 • U-Bahn: Bond Street (c 4) • www.handelhouse.org • Di, Mi, Fr, Sa 10–18, Do 10–20, So 12–18 Uhr • Eintritt £ 6, Kinder £ 2

Im Natural History Museum (▶ S. 102) stoßen Besucher auf das imposante Saurierskelett, nur eine der vielen Attraktionen des Naturkundemuseums.

Imperial War Museum

▶ S. 148, A 18

Das Kriegsmuseum wurde kurz nach dem Ersten Weltkrieg gegründet, um den Schrecken des Krieges zu verdeutlichen. Aber auch Zeugnisse des Krieges aus der britischen Heimat sind hier zu sehen: Tageszeitungen, Fotos, Filme und Gemälde.
Lambeth • Lambeth Road, SE1 • U-Bahn: Lambeth North (d 5) • www.iwm.org.uk • tgl. 10–18 Uhr • Eintritt frei

Jewish Museum Camden

▶ S. 142, nördl. C 5

Dieses jüdische Museum (es gibt noch eines im Stadtteil Finchley) wurde 1932 gegründet und gibt einen faszinierenden Einblick in Vergangenheit und Leben von Londons ältester Immigranten-Gemeinde.
Camden • Raymond Burton House, 129–131 Albert Street, NW1 • U-Bahn: Camden Town • www.jewishmuseum.org.uk • tgl. 10–17, Fr 10–14 Uhr • Eintritt £ 7,50, Kinder £ 3,50

London Transport Museum 👪

▶ Familientipps, S. 61

Museum in Docklands 👪

▶ S. 151, E 21

Die 2000-jährige Geschichte des Londoner Hafens wird in einem ehemaligen Lagerhaus für Rum und Zucker kinder- und erwachsenengerecht dargestellt. Anhand von interaktiven Ausstellungsstücken können Kinder Güter wiegen oder anhand der großen Karte Waren aus aller Welt bis in ihr Ursprungsland zurückverfolgen.
Canary Wharf • No. 1 Warehouse, West India Quay, E14 • U-Bahn:
Canary Wharf (e 4), DLR: West India Quay (e 4) • www.museumindocklands.org.uk • tgl. 10–18 Uhr • Eintritt frei

Museum of London   ▶ S. 144, B 11

Das Museum bietet dem Besucher eine einmalige Wanderung durch die Epochen der britischen Hauptstadt, von der Steinzeit über die Eisenzeit, durch das römische London vor gut 2000 Jahren bis zur angelsächsischen Epoche und dem Mittelalter, weiter über die Zeit der Tudors und Stuarts bis in die Gegenwart. Archäologische Entdeckungen, z. B. den Temple of Mithras, der erst 1954 bei Bauarbeiten in der Queen Victoria Street entdeckt wurde, oder die Büste des Serapis sollte man auf keinen Fall auslassen.
Barbican • 150 London Wall, EC2 • U-Bahn: Barbican (d 3) • www.museumoflondon.org.uk • tgl. 10–18 Uhr • Eintritt frei

National Gallery   ▶ S. 143, D 8

Beherbergt britische Malerei aus verschiedenen Epochen, aber auch einige weltberühmte Meisterwerke aus der flämischen, holländischen, spanischen und italienischen Schule. Leonardo da Vinci, Raphael, Sandro Botticelli und Tizian sowie Rubens, Rembrandt, Anthonis van Dyck oder die spanischen Meister des 15. bis 18. Jh. sind vertreten. Mit 4500 Objekten zählt sie zu den großen Gemäldegalerien der Welt. Die National Gallery wurde 1838 von Architekt William Wilkins gebaut und 1991 durch den Sainsbury Wing erweitert.
Trafalgar Square • Trafalgar Square, WC2 • U-Bahn: Charing Cross (c 4) • www.nationalgallery.org.uk • Sa–Do 10–18, Fr 10–21 Uhr • Eintritt frei

102 MUSEEN UND GALERIEN

National Maritime Museum ♀♂
▶ S. 121, b 2

Gilt als größtes Seefahrtsmuseum der Welt. Die Exponate reichen von wichtigen meeresarchäologischen Funden bis zum vollständig erhaltenen Flussdampfer. In der **New Neptune Hall** im Westflügel kann man Queen Marys Küstenboot aus dem Jahre 1689 bewundern, während sich der Ostflügel mit Englands großer Zeit als Seemacht beschäftigt. Das Museum liegt im herrlichen Greenwich Park, im **Queen's House**, in dem Heinrich VIII. sowie seine beiden Töchter Mary und Elizabeth geboren wurden.

Im Museum befindet sich außerdem die Old Royal Observatory, die Sternwarte, in deren Hof man sich auf den Nullmeridian stellen kann. Seit 1884 wird an ihm die **Greenwich Mean Time** gemessen, die international als »Nullzeit« gilt.

Interessant: die **Time Galleries**, die ihr »Time and Space Project« vorstellen, das die Bedeutung der Zeit in unserem modernen Leben beleuchtet. Und seit dem Frühjahr 2007 finden Sie das **Planetarium** hier.

Greenwich • Romney Road, SE10 • DLR: Cutty Sark (e 5) • Tel. 0 20/ 83 12 65 65 • www.nmm.ac.uk • tgl. 10–17 Uhr • Eintritt frei Planetarium: tgl. 13–16 Uhr • Eintritt £ 6,50, Kinder £ 4,50

National Portrait Gallery
▶ S. 143, D 8

In dieser Galerie liegt der Schwerpunkt nicht beim Künstler, sondern beim Dargestellten. Hier hängen Porträts der wichtigsten Persönlichkeiten der britischen Geschichte (neben Königen auch Wissenschaftler, Dichter und Maler). Dieser »Ruhmestempel« wurde 1859 gegründet und zog 1895 in den heutigen Bau im Renaissance-Palazzostil des Architekten Ewart Christian um. Es beginnt mit Porträts aus dem Mittelalter im obersten Stockwerk und geht über die Tudor-Epoche (Heinrich VIII., Lady Jane Grey) und die Zeit der Jakobiner und Stuarts bis in die Neuzeit, wobei den Mitgliedern der britischen Monarchie viel Bedeutung eingeräumt wird. Aus dem letzten Teil des 20. Jh. findet man Ex-Beatle Paul McCartney und natürlich auch die erste Premierministerin, Margaret Thatcher. Auch hier: ein Restaurant mit Aussicht.

Trafalgar Square • 2 St. Martin's Place, WC2 • U-Bahn: Charing Cross (c 4) • www.npg.org.uk • Sa–Mi 10– 18, Do, Fr 10–21 Uhr • Eintritt frei

Natural History Museum ♀♂
▶ S. 140, C 4

Das Museum bietet einen unbeschreiblichen Reichtum zoologischer, botanischer, mineralogischer und paläontologischer Exponate, die im gewaltigen Bau von Alfred Waterhouse (1873–1880) in South Kensington ihren würdigen Platz fanden. Wer die schöne Terrakottafassade näher betrachtet, entdeckt unzählige kunstvolle Reliefarbeiten und Verzierungen. Der Grundstock dieser riesigen Sammlungen stammt noch aus dem Besitz von Sir Sloane, dessen Sammlungen 1753 das Britische Museum begründeten.

Das Museum hat seine Sammlung gewaltiger Saurierskelette um eine sehr anschauliche Ausstellung ergänzt. Hightech-Modelle verschiedener Dinosaurierspezies bewegen sich auf täuschend lebensechte Weise. Die begleitenden Schautafeln berei-

ten neue wissenschaftliche Erkenntnisse besuchergerecht auf. Ein weiterer Anziehungspunkt ist die Halle der Wale, wo die Nachbildung eines Blauwals in Lebensgröße und ein Walskelett zu den großen Attraktionen gehören. Interessant auch die Abteilung, die die Arbeit des Biologen Charles Darwin darlegt. Seit September 2009 ist das neue **Darwin Centre** ein wichtiger Teil des Natural History Museum. Im riesigen »Kokon« im 7. Stock erlebt der Besucher Details aus Darwins Welt. Seit Neuestem kann man im Winter vor dem Museum Schlittschuh laufen und am Rand der Eislaufbahn Kaffee trinken.
Kensington • Cromwell Road, SW7 • U-Bahn: South Kensington (c 4) • www.nhm.ac.uk • tgl. 10–17.50 Uhr • Eintritt frei

Royal Academy of Arts

▶ S. 142, C 8

1768 als königliche Einrichtung mit dem Auftrag gegründet, die schönen Künste im Lande zu pflegen und zu fördern. Die Royal Academy residiert heute in einem prachtvollen Gebäude in Piccadilly, 1867 bis 1871 erbaut. Sie ist berühmt für ihre seit 200 Jahren stattfindende »Summer Exhibition«, die Werke von Amateurmalern zeigt. Im Jahr 1991 entstand die helle »Sackler Gallery« für Wanderausstellungen. Im Besitz der Akademie befinden sich wertvolle Sammlungen großer Künstler wie Thomas Gainsborough, John Constable oder Joshua Reynolds, aber auch Benjamin West und Angelica Kauffman. Der kostbarste Besitz ist Michelangelos »Madonna mit dem Kind«, die der Meister 1503 bis 1505 geschaffen hat.

Piccadilly • Burlington House, W1 • U-Bahn: Piccadilly Circus (c 4) • www.royalacademy.org.uk • Sa–Do 10–18, Fr 10–22 Uhr • Eintritt ab £ 10

In der Tate Modern (▶ S. 104) ist Andy Warhols Porträt »Jackie« zu bewundern.

Science Museum ▶ S. 140, C 4

Das Museum bietet einen Querschnitt durch die Wissenschaft und Forschung bis heute: Neben den ersten Motoren, Dampfmaschinen und Flugzeugen kann man auch die Originalraumkapsel »Apollo 10« bewundern. Unbedingt sehenswert ist das **Wellcome Medical Museum**, in dem die Geschichte der Medizin dargestellt wird.
Aufregend sind das IMAX 3D-Kino, Eintritt £ 10, und die Simulator Rides, Eintritt £ 5 und £ 2,50.
Kensington • Exhibition Road, SW7 • U-Bahn: South Kensington (c 4) • www.sciencemuseum.org.uk • tgl. 10–18 Uhr • Eintritt frei

104 MUSEEN UND GALERIEN

Tate Britain ▶ S. 147, E 15

Nach gewaltiger Renovierung und Erweiterung konzentriert sich die 1892 erbaute ursprüngliche Tate Gallery seit Neueröffnung im Frühjahr 2000 auf britische Kunst vom Mittelalter bis heute. Seit 2001 hat das Museum einen neuen Eingang, fünf neue Ausstellungsräume und somit mehr Platz für die Werke von Gainsborough bis Blake, Constable bis Stubbs, Hockney und den Prä-Raffaeliten. Die Turner Collection befindet sich weiterhin in der **Clore Gallery**.
Pimlico • Millbank, SW1 • U-Bahn: Pimlico (c 5) • Tel. 0 20/78 87 88 88 • www.tate.org.uk • tgl. 10–18 Uhr • Eintritt frei, Sonderausstellungen ca. £ 12

MERIAN-Tipp 10

NEUES LEBEN AN DER SOUTH BANK ▶ S. 147, F 13

Es tut sich was am Südufer der Themse. Nachdem die Royal Festival Hall für rund 150 Millionen Euro ein Facelifting bekam, wurden auch das National Theatre sowie die herrliche Hayward Gallery rundum erneuert. Dem ganzen einstigen »Beton-Komplex« vom Festival of Britain, von 1951, wurde neues Leben eingehaucht: große Terrassen, Lokale, Bücherstuben und Boutiquen erzeugen eine quirlige Bohème-Atmosphäre, wo London mal ein ganz anderes Gesicht zeigt.
South Bank • U-Bahn: Westminster, Waterloo (c 5) • www.southbankcentre.co.uk • www.nationaltheatre.org.uk

---

Tate Modern ▶ S. 144, B 12

Höchst imposanter Ableger der Tate Britain (so wurde die Tate Gallery umbenannt).
Das neue Tate-Museum am Südufer der Themse entstand mit Millionenaufwand aus einem stillgelegten Kraftwerk und bietet einen der umfangreichsten Schätze zeitgenössischer Kunst der Welt. Sie können im Tate Boat alle 40 Min. zwischen beiden Galerien pendeln, für £ 5 bis 12.
South Bank • Bankside, SE1 • U-Bahn: Southwark (d 5) • So–Do 10–18, Fr, Sa 10–22 Uhr • Eintritt frei

Victoria & Albert Museum
▶ S. 140/141, C/D 4

Mit seinen über 40 000 qm Ausstellungsfläche ist es eines der größten Museen für dekorative Kunst der Welt – und eines der meistbesuchten Museen Londons. Sein Schwerpunkt liegt auf den schönen Dingen des Alltags, von Geschirr über Glas, Möbel, Bestecke und Schmuck.
Sehenswert ist z. B. die **Jones Collection** mit ihren wunderschönen Einrichtungsgegenständen aus Frankreich. Relativ neu ist die **Gilbert Collection** (aus dem Somerset House), die seit 2009 zu sehen ist.
Kensington • Cromwell Road, SW1 • U-Bahn: South Kensington (c 4) • www.vam.ac.uk • tgl. 10–17.45, Fr bis 22 Uhr • Eintritt frei

Wallace Collection ▶ S. 141, F 1

Unglaublich üppige Ansammlung herrlicher alter Möbel, Gemälde, Waffen und Porzellan aus Frankreich, Holland und Italien des 19. Jh., die Richard Wallace aus der adligen Hertford-Familie dem Land bei seinem Tod 1897 schenkte. All diese

Schätze sind im Hertford House, das 1776 bis 1778 für den Herzog von Manchester gebaut wurde, zu sehen. Rembrandts »Titus« oder Frans Hals »The Laughing Cavalier« sollte man sich ebenso ansehen wie die Waffen aus dem Orient.
Marylebone • Hertford House, Manchester Square, W1 • U-Bahn: Bond Street (c 4) • www.wallace collection.org • tgl. 10–17 Uhr • Eintritt frei

GALERIEN

Barbican Art Gallery ▶ S. 144, C 10

Wechselausstellungen aus den Bereichen Mode, Fotografie, Kulturelles: alles, was unsere moderne Zeit beeinflusst hat.
City • Barbican Centre, Level 3, Silk Street, EC2 • U-Bahn: Barbican oder Moorgate (d 3) • www.barbican. org.uk • Fr–Mo 11–20, Di/Mi 11–18, Do 11–22 Uhr • Eintritt frei, Sonderausstellung ca. £ 10

Belgravia Gallery ▶ S. 142, C 8

Wenn Sie schon immer mal ein Aquarell von Prinz Charles kaufen wollten, sind Sie hier richtig. Aber auch moderne internationale Künstler stellen hier aus.
Mayfair • 45 Albermarle Street, W1 • U-Bahn: Green Park (c 4) • www. belgraviagallery.com • Mo–Fr 10–18, Sa 11–16.30 Uhr • Eintritt frei

Hayward Gallery ▶ S. 147, F 13

Moderne wichtige Kunstgalerie mit ständig wechselnden Ausstellungen auch zeitgenössischer Künstler.
South Bank • Southbank Centre, Belvedere Road, SE1 • U-Bahn: Waterloo (c 5) • www.southbankcentre.co.uk • tgl. 10–18, Fr bis 20 Uhr • Eintritt Sonderausstellungen ca. £ 12

Photographer's Gallery ▶ S. 142, C 7

Londons beste Galerie für moderne Fotografie, wechselnde Ausstellungen diverser Fotografen. Buchladen und kleines Café.
Soho • 16–18 Ramillies Street, W1 • U-Bahn: Oxford Circus (c 4) • www.photonet.org.uk • Di–Sa 11–18, Do, Fr 11–20, So 12–18 Uhr • Eintritt frei

Timothy Taylor Gallery Ltd. ▶ S. 142, B 8

Sehr edle Kunstgalerie mit eigenwilligen Werken internationaler Künstler wie Ron Arad, Alex Katz oder Fiona Rae. Skulpturen, Objekte, Bilder verschiedener Techniken und Materialien.
Mayfair • 15 Carlos Place, W1 • U-Bahn: Bond Street • www.timothy taylorgallery.com • Mo–Fr 10–18, Sa 11–14 Uhr • Eintritt frei

Whitechapel Art Gallery ▶ S. 145, E 11

Niemand würde hier im East End eine Galerie vermuten, die es verstanden hat, sich in kurzer Zeit einen ausgezeichneten Ruf dafür zu verschaffen, neue Impulse und Denkanstöße in der modernen Kunst zu geben. Die Galerie stellt u. a. Werke von Pablo Picasso, Julian Schnabel und Lucio Fontana aus. Mit neu eröffnetem Dining Room (Okt. 2009) sowie Café, Bar und »The Foyle Reading Room« verwöhnt die Galerie ihre Besucher.
Whitechapel • 77–82 Whitechapel High Street, E1 • U-Bahn: Aldgate East (e 4) • www.whitechapel gallery.org • tgl. 11–18, Do 11–21 Uhr • Eintritt frei, Sonderausstellungen ca. £ 7,50

Der Trafalgar Square (▶ S. 92) mit der National Gallery (▶ S. 101) an seiner Nordseite ist ein beliebter Treffpunkt der Londoner – vor allem an Silvester.

Spaziergänge
und Ausflüge

Zu Fuß erschließt sich das pulsierende Leben der Hauptstadt am besten, Ausflüge in die grünen Vororte und die weitere Umgebung runden das Bild ab.

Durch das Regierungsviertel – Trafalgar Square, Westminster und St. James's Park

CHARAKTERISTIK: Auf dem Spaziergang wird das historische London erkundet
DAUER: 4–5 Stunden **LÄNGE:** ca. 6,5 km **EINKEHRTIPP:** Golden Lion, 25 King St., SW1, Tel. 0 20/74 99 13 07 €
KARTE ▶ S. 109, S. 143, E 8

In Westminster Abbey (▶ S. 93) werden die britischen Monarchen gekrönt.

Der 6 bis 7 km lange Spaziergang beginnt am **Trafalgar Square** 7 auf den Stufen der National Gallery.

Trafalgar Square ▶ Whitehall

Sie blicken zuerst auf den Square, der zu Ehren Admiral Nelsons und seines Seesieges über die spanisch-französische Flotte vor Trafalgar im Jahre 1805 angelegt wurde. Um den Trafalgar Square herum flutet Tag und Nacht der Verkehr, und auf dem Platz »betteln« Hunderte von Tauben die vielen Touristen, die sich hier versammeln, um Futter an oder sitzen auf den Denkmälern der Generäle und den eisernen Löwen.

Rechts sehen Sie das Kanada-Haus, gegenüber das Südafrika-Haus. Ganz links den weißen Bau der St.-Martin-in-the-Fields-Kirche. Sie gehen jetzt links am Trafalgar Square entlang, an der **Reiterstatue von Charles I.** halten Sie kurz an und genießen den herrlichen Blick hinunter nach **Whitehall**, wo auch der Clock Tower mit **Big Ben** schon in Sicht kommt. An der Ampel überqueren Sie die Straße und biegen in die breit angelegte Whitehall ein. Hier gehen Sie über Jahrhunderte englischer Geschichte. Um 1514 stand hier der **Whitehall Palace** (einst York Palace), den Heinrich VIII. von Kardinal Wolsey im Jahre 1530 übernahm. Zwischen 1619 und 1625 baute der Architekt Inigo Jones das prachtvolle **Banqueting House** an, das einzige Gebäude aus der damaligen Zeit, das heute noch existiert.

Hier sollten Sie etwas verweilen, zurückdenken an das Jahr 1649, als Oliver Cromwells Parlamentarier auf einem Gerüst vor diesem Bau König Charles I. hinrichten ließen. Es ist das einzige Mal in der britischen Geschichte, dass das Volk sich so brutal eines Monarchen entledigte. 20 Jahre später eroberte sein Sohn, Charles II., den Thron zurück. Bereits ab Ende des 17. Jh. siedelten sich hier Regierungsgebäude an. Was

Spaziergänge 109

Sie heute noch sehen können, ist an der Westseite das Marineministerium, die **Admiralty**, 1722 bis 1726 von Thomas Ripley gebaut. Hier lag Lord Nelson 1805 nach der Schlacht von Trafalgar aufgebahrt. Bewundern Sie das schöne Gitter von Robert Adam mit den geflügelten Seepferden. Daran schließen sich die berühmten **Horse Guards** an, 1750 bis 1760 nach Plänen von William Kent gebaut, die Kaserne der **Household Cavalry**, der 1661 gegründeten königlichen Elitetruppe. Am Tage kann man die Soldaten in ihren scharlachroten Uniformen mit blank geputzten Büschelhelmen stundenlang auf den Pferden sitzen sehen, stets von einer Touristentraube umgeben. Jetzt folgen auf beiden Seiten der 800 m langen Whitehall die schmucklosen Gebäude des Verteidigungsministeriums, die letzten wurden erst 1959 fertiggestellt. Irgendwo unter diesen Steinquadern soll noch immer der Weinkeller Heinrich VIII. sein ... Verweilen Sie einen Moment am Cenotaph, dem 1919 erstellten Kriegerdenkmal, an dem jedes Jahr im November eine Gedenkfeier abgehalten wird, und sehen Sie rechts in die **Downing Street** hinein, soweit es die Eisengitter zulassen. In der Nr. 10 sind Amtssitz und Wohnung aller britischen Premierminister seit 1732. Weitere Regierungsgebäude aus dem 19. Jh. ziehen sich bis hinunter zum Parliament Square, der sich plötzlich, von einigen der berühmtesten Bauten der Welt umringt, vor uns auftut.

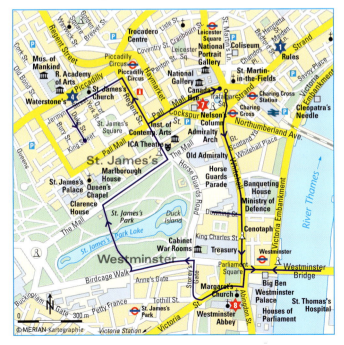

110 SPAZIERGÄNGE UND AUSFLÜGE

Whitehall ▶ Westminster Bridge

Sie erkennen sofort die **Houses of Parliament** mit dem Glockenturm und **Big Ben**. Jetzt biegen Sie nach links ab und erreichen über die Bridge Street die berühmte Westminster Bridge, die 1862 fertiggestellt wurde.

Weiter gehen Sie am beeindruckenden **Standbild der Königin Boadicea** vorbei, dem Symbol des Patriotismus. Sie trotzte der römischen Besatzung, aber auch ihre furiose Eroberung und Brandschatzung Londons im Jahr 61 n. Chr. konnte die fremden Herrscher nicht dauerhaft vertreiben. Wenn Sie etwa zwei Drittel der Brücke überquert haben, bleiben Sie stehen und schauen auf die Themse: Am Südufer liegt die **County Hall**, in der bis 1986 die Stadtverwaltung von Greater London ihren Sitz hatte, heute umgebaut in einen Hotel-Komplex, und das **London Aquarium**. Nur wenige Schritte daneben die jüngste Touristenattraktion: das eindrucksvolle Riesenrad, **The London Eye**. Dann, weiter östlich, die modernen Betonklötze des **National Theatre** und der **Royal Festival Hall**. Der Blick nach Osten die Themse entlang zur City hat schon Poeten inspiriert: William Wordsworth (1770–1850) widmete diesem Blick ein Sonett. Jetzt drehen Sie sich um und blicken auf die Houses of Parliament, wie sie sich bei schönem Wetter in der Themse spiegeln.

Westminster Bridge ▶ Westminster Abbey

Nun wechseln Sie die Straßenseite und wandern wieder zurück, Richtung Big Ben, biegen ein paar Schritte weiter links ab, bewundern vor den Houses of Parliament die stolze **Reiterstatue von Richard Löwenherz**, werfen einen Blick auf den gegenüberliegenden **Abbey Garden**, in dem eine moderne **Henry-Moore-Plastik** steht, und gehen über den Zebrastreifen zur Westminster Abbey. Die Besichtigung lohnt auf jeden Fall, auch noch ein Abstecher zum **Chapter House** aus dem Jahre 1250. Das prachtvolle Achteck, dessen Kuppeldach von einem herrlichen Marmorpfeiler getragen wird, diente im Mittelalter zu gelegentlichen Versammlungen des Parlaments. Unter dem Chapter House liegt das **Abbey Museum**.

Westminster Abbey ▶ Pall Mall

Anschließend biegen Sie links in die Victoria Street ein und gehen rechts das Storey's Gate entlang, um links in den Birdcage Walk zu gelangen. Sie sind im wunderschönen **St. James's Park** mit seinem lang gestreckten See, der ein Vogelparadies ist. Über den See führt eine Brücke, die einen guten Blick auf den Buckingham Palace und auf das vergoldete **Denkmal Königin Viktorias** vor dem Palast gewährt. Sie erreichen **The Mall** und wenden sich nach rechts, schlendern diese breite, königliche Avenue hinunter Richtung **Admiralty Arch**. Links der Mall liegen das **Clarence House** (Residenz von Prinz Charles und Familie), der St. James's Palace und das **Marlborough House**. Biegen Sie in die Regent Street zum Waterloo Place und der schönen **Carlton House Terrace** ab, steigen die Stufen hinauf und betrachten das **Duke of York Monument** (1831–1834 von Benjamin Wyatt) und den antiken Fries am Carlton House.

Pall Mall ▶ Trafalgar Square

Jetzt gibt es zwei Möglichkeiten, diesen Spaziergang zu beenden: Wer

Spaziergänge 111

Einst ein Jagdgebiet, in dem sich Hirsche tummelten, wurde der malerische St. James's Park (▶ S. 88) unter Charles II. der Öffentlichkeit zugänglich gemacht.

müde Füße hat, kann rechts in die Pall Mall einbiegen und gemütlich zum **Trafalgar Square** 7 zurückgehen, von wo aus es noch ein paar Schritte in die **St. Martin's Lane** zu einem der schönsten Pubs, dem viktorianischen »Salisbury« mit geschliffenen Glasverzierungen und Spiegeln und viel Plüsch, sind. Am Nachmittag ist es leer genug, um die Einrichtung bewundern zu können. Noch ein bisschen weiter ist es bis zur winzigen **Rose Street** zum »Lamb & Flag«, dem ältesten Pub der Gegend, um ein Bier zu trinken.

Pall Mall ▶ King Street

Wer noch aufnahmefähig ist, geht in die Regent Street weiter. Die dritte Seitenstraße links ist die hochfeine **Jermyn Street**, wo Gentlemen seit Jahrhunderten ihre Anzüge nach Maß schneidern lassen. Ein Pub zum Ausruhen liegt in der King Street (via Duke und St. James's Street): der »**Golden Lion**«.

Schmelztiegel mit Geschichte – Piccadilly Circus bis Greek Street

CHARAKTERISTIK: Der Stadtteil Soho, den meisten nur als »sündige Meile« bekannt, hat viel mehr zu bieten DAUER: 2–3 Stunden LÄNGE: ca. 4 km EINKEHRTIPP: Dog & Duck (▶ S. 30), 18 Bateman Street, W1, Tel. 0 20/74 94 06 97
KARTE ▶ S. 143, D 8

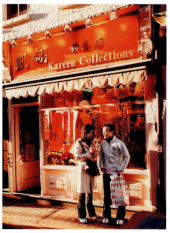

Die Gerrard Street in Londons Chinatown (▶ MERIAN-Tipp, S. 87).

Soho ist zwar nicht ganz so aufregend wie sein Ruf. Aber wer sich auf die Suche nach der Vergangenheit begeben möchte und dabei die etwas schäbige Gegenwart übersehen kann, entdeckt in den Straßen um die **Shaftesbury Avenue** herum neue Reize der Hauptstadt.

Piccadilly Circus ▶ Golden Square

Das Viertel liegt im Herzen des West End, zwischen Oxford Street, Regent Street, Shaftesbury Avenue und der Charing Cross Road. Sie beginnen Ihre Wanderung am **Piccadilly Circus**, hinter Ihnen die Eros-Statue des Brunnens, mit Blick auf die Shaftesbury Avenue, von der zahllose verwinkelte Straßen abzweigen, in denen sich Sex-Shops und Peepshows drängen. Links in die Great Windmill Street, wieder links und dann rechts in die Lower James Street, so gelangen Sie zum **Golden Square**, der 1673 erbaut wurde und auf dem eine Statue von Charles II. aus dem Jahre 1720 inmitten von Gärten und Häusern aus dem 18. Jh. zu finden ist.

Golden Square ▶ Soho Square

Vom Golden Square über die Beak Street gelangen Sie zur **Carnaby Street**, die in den »Swinging Sixties« als Inbegriff des modernen London galt. Heute ist es nur noch ein Touristentreff, wenn auch nicht uninteressant. Interessanter als der Golden Square ist jedoch der **Soho Square**, der bis aufs Jahr 1681 zurückgeht.

Soho Square ▶ Chinatown

Vom Soho Square sind es nur ein paar Schritte zu einem historischen Plätzchen, dem **St. Anne's Churchyard**, der von der Dean Street abzweigt: eine Grünfläche, auf die der Turm (1801–1803) einer im Zweiten Weltkrieg zerstörten Kirche blickt. Durch die Wardour Street gelangen Sie nach Überqueren der Shaftesbury Avenue in die Gerrard Street und von dort nach **Chinatown** (▶ MERIAN-Tipp, S. 87), das Sie durch

Spaziergänge 113

ein großes, rot-goldenes chinesisches Portal betreten und wo sich chinesische Restaurants und Läden sowie Supermärkte drängen.

Chinatown ▶ Greek Street

In der **Berwick Street** gibt es täglich einen ausgezeichneten Lebensmittel- und Gemüsemarkt. Etwas teurer und noch exotischer ist der Straßenmarkt in der **Rupert Street**. Überall können Sie die blauen Gedenktafeln von berühmten Bürgern der Stadt entdecken: z. B. in der **Meard Street**, wo Frédéric Chopin Klavierabende gab, in der **Frith Street**, wo Karl Marx arbeitete, oder in der **Marshall Street**, wo der Maler und Dichter William Blake geboren wurde.

Abends stehen in **Dean Street**, **Frith Street** und **Greek Street** eine Fülle interessanter Pubs, Restaurants und Clubs zur Auswahl.

Vielleicht ruhen Sie sich jetzt im berühmten »Gay Hussar« in No. 2 Greek Street von der Wanderung aus und blicken nochmal zurück auf alles, was Sie gesehen haben, denn es ist schon ein seltsamer Gedanke, dass hier, im Herzen Londons, schon Karl Marx zu seiner primitiven Unterkunft in Dean Street (No. 28 und 64) gewandert ist. Oder Charles Darwin, der in der Great Marlborough Street (No. 41) wohnte. Von Wolfgang Amadeus Mozart ganz zu schweigen (20 Frith Street). Interessant auch zu wissen, dass einige Straßennamen auf ihre Bewohner zurückgehen, wie z. B. Greek Street, in der sich griechisch-katholische Einwanderer im 17. Jh. niederließen, genau wie Hugenotten, die vor König Louis XIV. geflüchtet waren. Das Völkergemisch zog auch Bohemiens an, die in den unterschiedlichsten Bars und Restaurants Inspiration fanden. Echte Londoner sagen, dass die **Old Compton Street** das Herzstück von Soho sei. Mit ca. 300 Jahren Geschichte.

Berühmte Straße der »Swinging Sixties«: Die Carnaby Street (▶ S. 112) wurde in einem Lied besungen, und Mary Quant verkaufte hier ihre Minirockkreationen.

Auf den Spuren der Queen – Vom Leicester Square nach Covent Garden

CHARAKTERISTIK: Dieser Bummel entlang dem Jubilee Walkway führt durch historische Gegenden Londons. Wegen der Länge wurde er in mehrere Abschnitte unterteilt, d. h., Sie können den Spaziergang jederzeit abbrechen **LÄNGE:** 14 km
EINKEHRTIPP: The Anchor, Bankside, 34 Park Street SE1, Tel. 0 20/74 07 15 77
KARTE ▶ S. 143, D 8–E 8, KLAPPE VORNE

Dieser schöne Weg entlang der Themse wird als »offizieller London-Wanderweg« empfohlen. Er wurde zu Ehren von Queen Elizabeth II. zu ihren diversen Regierungsjubiläen angelegt und gut gekennzeichnet. Achten Sie auf diese Markierung im Pflaster: eine stilisierte Krone mit dem »Jubilee Walkway«-Schriftzeichen darüber.

Leicester Square ▶ Jubilee Gardens

Vom **Leicester Square**, wo Sie einen Blick auf die lebensechte Charlie-Chaplin-Statue werfen, führt der Weg zum **Trafalgar Square** 7, durch die Admiralty Arch, The Mall und durch den St. James's Park in die Great George Street. Dann wenden Sie sich nach rechts in die St. Margaret Street. Von dort sind es nur ein paar Schritte links Richtung Themse zu den **Victoria Tower Gardens** mit dem beeindruckenden Werk **Burghers of Calais** von Rodin neben einem gotischen Brunnen. Nun geht's über die Lambeth Bridge zum Südufer der Themse. Verweilen Sie dabei am **Lambeth Palace**, denn

Am Südufer der Themse vor der Royal Festival Hall geht es lebendig zu. Beliebtes Ausflugsziel in dieser Gegend ist das Riesenrad London Eye (▶ S. 81).

er ist Amtssitz und private Residenz des Erzbischofs von Canterbury. In dem wuchtigen roten Palast aus dem 12. Jh. residieren seit neun Jahrhunderten die Erzbischöfe von Canterbury. Weiter nordwärts an der Themse entlang gelangen Sie zu den hübschen **Jubilee Gardens**.

Jubilee Gardens ▸ Southwark Cathedral

Sie bleiben auf der Südseite der Themse, blicken zum imposanten Riesenrad **London Eye** und gehen weiter zum modernen Komplex des **National Theatre** und der **Royal Festival Hall** sowie der Hayward Gallery am Upper Ground, dem Komplex **Southbank**. Am Kunstmuseum **Tate Modern** 🔟, Shakespeares Globe Theatre und der **Southwark Bridge** vorbei können Sie in einem der schönsten alten Pubs einkehren: »The Anchor«, im 18. Jh. erbaut und einstmals Treffpunkt von Schmugglern und Piraten.

Anschließend geht es auf zur **Southwark Cathedral**, einem der bedeutendsten mittelalterlichen Gebäude Londons: Ihr Turm stammt aus dem 14. und 15. Jh.

Southwark Cathedral ▸ Tower Bridge

Von der Southwark Cathedral ist es nicht weit bis zur Tooley Street mit dem Horrormuseum **London Dungeon** und der neuen **City Hall**, dem Amtssitz des Bürgermeisters. Am Ufer der Themse liegt die **HMS Belfast** vor Anker, die man besichtigen kann. Dann geht es über die **Tower Bridge** 6️⃣ auf die andere Seite der Themse.

Tower Bridge ▸ Fleet Street

Am Nordende der Tower Bridge liegt linker Hand der **Tower** 6️⃣. Rechter Hand befindet sich das **St. Katherine's Dock**. Vom Tower gehen Sie in die Byward Street zur **All-Hallows-by-the-Tower**, einer Kirche aus dem 7. Jh.

Über das **Mansion House**, die **Bank of England** und die Börse (**Stock Exchange**) gelangen Sie zur **St. Paul's Cathedral** 5️⃣ und dann weiter den Ludgate Hill hinunter zur **Fleet Street**, der ehemaligen »Straße der Tinte«.

Fleet Street ▸ Covent Garden

Vorbei an den alten Rechtsgelehrtenschulen **The Temple** und **Lincoln's Inn** geht es nun über Drury Lane und Bow Street nach Covent Garden, wo die Piazza und das muntere Leben drumherum für neue Eindrücke sorgt.

In der **Fleet Street** sollten Sie ein bisschen verweilen, denn hier begannen Journalisten schon im Jahr 1500 ihre Druckereien aufzustellen, in der **St. Bride's Church**, die man noch heute die »Kirche der Drucker und Reporter« nennt. Nur die Internationale Nachrichten-Agentur arbeitet noch von der Fleet Street aus. Das heute weltweit operierende Unternehmen begann 1850 mit einem Korb voller Brieftauben!

No. 17 Gough Street, EC4

Bei dieser Wanderung durch die historische **Fleet Street** sollten Sie einen Abstecher in die kurze Gough Street, von der Fleet Street abgehend, unternehmen. In No. 17 lebte der Literat Samuel Johnson von 1704 bis 1784. In diesem Haus im typisch »georgischen« Stil schrieb er sein berühmtes »Dictionary of the English Language« (1755). Außerdem sollten Sie in der Fleet Street im »Ye Olde Cheshire Cheese« Pub (No. 145) einkehren. Immerhin haben Charles Dickens und Thackeray hier auch schon getrunken.

Geheime Ecken entdecken – Thematische Spaziergänge mit Führung

CHARAKTERISTIK: Wer London nicht nur mit Big Ben und Buckingham Palace verbindet, sondern auch mit James Bond, gruseligen Geistern oder sogar den Olympischen Spielen, wird sicher begeistert sein von organisierten Spaziergängen, wo Kenner der Szene den Fremden an die Hand nehmen. Das Angebot ist riesig und zum Teil sehr teuer. Sorgfältige Auswahl ist daher sehr wichtig **EINKEHRTIPP:** Prospect of Whitby (▶ S. 31), Wapping, 57 Wapping Wall, E 1, U-Bahn: Wapping (e 4), Tel. 0 20/74 81 10 95, Mo–Sa 12–23, So 12–22.30 Uhr **AUSKUNFT:** www.walksof london.co.uk, www.discovery-walks.com, www.walks.com, www.the-magician.co.uk

Charles Dickens' London
(»The London of Charles Dickens«)

Sie werden bei diesem Spaziergang in die Zeit des großen Schriftstellers zurückversetzt und folgen den Wegen, die er gern tagsüber, und auch nachts, einschlug: durch die Höfe von Lincolns Inn, das als Kulisse für seinen berühmten Roman »Bleak House« diente. Weiter geht's zu einem Speisesaal aus dem 15. Jh. und seinem Haus, das jetzt Museum ist.

Die »New City« entdecken

Am besten fangen Sie beim neu angelegten **Paternoster Square** an und gehen den Weg durch die berühmte »Square Mile« (2,59 qkm), die jetzt eine »kulturelle Renaissance« durchmacht. Die würdevolle Steifheit des jahrhundertealten Finanz- und Bankenviertels wird aufgelockert durch modernste Wohn- und Shoppingkomplexe, wo es im Winter sogar eine Schlittschuhbahn gibt (Bankside). Die »alte« Cheapside führt zu **One New Change**, wo shoppen, essen und genießen (Dachgarten) angesagt sind. Zu erkennen ist sie am 12 m hohen **Nagel** von Bildhauer Gavin Turk. Skyscraper wachsen derweil in **Fenchurch Street** in den Himmel, wie der **Heron Tower**, und für 2012 geplant, der **Bishopsgate Tower**, mit 302 m der größte Europas. Und auch der altrömische **Mithras-Tempel** bekommt einen würdigen Platz.

Jack The Ripper's mörderisches London

Die Morde an sieben Prostituierten im Jahre 1888 im östlichen Londoner Stadtteil Whitechapel erzeugen immer noch eine gewisse Neugier. Vielleicht auch deshalb, weil die Morde nie geklärt wurden. Der Weg geht nach Whitechapel und weitere Gegenden im East End der Stadt, wo es Stories über die Pubs und Gassen von damals gibt. Durch den Verdacht, dass der Mörder ein Mitglied der Königsfamilie war, bekommt das Ganze einen besonders mystischen Touch.

Auf den Spuren von Harry Potter

Viel Spaß erleben Harry-Potter-Fans in London, wo niemand sonst weiß, dass der St. Pancras-Bahnhof in Wirklichkeit der Dracula-Turm aus den Harry-Potter-Büchern ist und das Portal vom (angeblichen) Australia House die Koboldsbank Gringotts verbirgt. Und hinter den vermeintlichen Regierungsgebäuden in Whitehall versteckt sich in Wahrheit das »Zauberei-Ministerium«. Vorsicht beim Überqueren der Millen-

Spaziergänge 117

nium-Brücke, denn diese wird bald von »Todessern« zerstört. Harry Potter weiß das natürlich alles und auch, dass der **Bahnsteig 8** vom King's Cross-Bahnhof zum **Gleis 9 ¾** führt … wenn man ganz bis zum Ende durchgeht. Dort ist noch die hintere Hälfte eines Hogwarts-Express-Gepäckwagens zu sehen.

Auf den Spuren von 007
allein unterwegs

Als Autor Ian Fleming 1953 die Macho-Figur James Bond schuf, war sein Ausgangspunkt das vornehme Mayfair in London. Sie begeben sich auf seine Spuren: mit der U-Bahn nach Bond Street fahren, am Ausgang nach links und nochmal links in die Fußgängerzone South Audley Street. Sie bleiben am Haus No. 62 stehen und gehen (möglichst unauffällig natürlich) in den Counter Spy Shop, wo man die neuesten, raffiniertesten Spy-Gadgets kauft. Ein paar Häuser weiter sind Sie dann bei **James Purdey**, Gun-Maker (Lieferzeit 3–5 Jahre), d.h., es handelt sich um die traditionelle Edel-Adresse für Gewehre überhaupt. Die Jagdgewehre sind handgemacht, mit teuren Gravierungen.

James Bond bummelt jetzt die Grosvenor Street entlang, überquert sie und gelangt in die Brooke Street, wo er sich im Elemis Day Spa in 2–3 Lancashire Court exotisch massieren lässt. Nach ca. einer Stunde totaler Entspannung begibt er sich ins Claridge's Hotel, an die Bar, um ein paar Drinks zu nehmen, natürlich »Martini, medium dry, shaken, not stirred«, was sonst?

Wer sich jetzt wieder in sein normales »ich« zurückverwandeln will, nimmt die U-Bahn, Bond Street, zurück ins Hotel.

Londons ältestes Pub, das Prospect of Whitby (▶ S. 31), hat sich nur wenig verändert, seit es Schmugglern Unterschlupf bot, die hier ihre Beute versteckten.

AUSFLÜGE IN DIE UMGEBUNG

Universitätsstadt Oxford

CHARAKTERISTIK: Bei diesem Ausflug nach Oxford wandelt man auf den Spuren der intellektuellen Elite **ANFAHRT:** etwa 80 km nordwestlich von London. Mit dem Auto über die A40 und M4 (Autobahn) **ANFAHRTSDAUER:** ca. 1,5 Std. Mit dem Bus »Oxford Tube«, tgl. alle 15–30 Min. von Londons Victoria Station oder von diversen Hotels **EINFACHE FAHRT:** £ 14, Kinder £ 7 **HIN- UND RÜCK-FAHRT:** £ 16, Kinder £ 8, Dauer ca. 1,5 Std. www.oxfordtube.com • der Oxford Espress bietet ähnlichen Service: www.oxfordbus.co.uk **EINKEHRTIPPS:** Quod Brasserie im Old Bank Hotel, 92–94 High Street, www.oldbank-hotel.co.uk, tgl. 7–23 Uhr €€ • Turf Tavern, 4 Bath Place, www.theturftavern.co.uk, Mo–Sa 11–23, So 12–22.30 Uhr € • The Feathers, Market Street, Woodstock, Tel. 0 19 93/81 22 91, www.feathers.co.uk €€€ **AUSKUNFT:** Tourist Information Centre, 15–16 Broad Street, Oxford, Tel. 0 18 65/25 22 00, www.visitoxford.org
KARTE ▶ S. 121, a 1

Der Dichter Matthew Arnold (1822–1888) sprach von Oxford als der »City of dreaming Spires«, den »verträumten Spitztürmen« dieses architektonischen Kleinods, das mit seinen Sandsteinbauten seit Jahrhunderten kaum verändert wurde.

Die Universitätsstadt wurde im 12. Jh. zur Zeit Heinrich II. gegründet. Aus dieser Zeit stammt auch die Christ Church Cathedral mit dem ältesten Glockenturm Englands. Sehenswert ist der Tom Tower über dem Portal mit der sieben Tonnen schweren Glocke Great Tom. Die Hauptstraße, Broad Street, bietet gute Buchgeschäfte und andere kleine Läden. Interessant ist auch das Museum of Oxford.

Zwei Flüsse bieten Möglichkeiten für Picknicks und Bootsfahrten: die Themse, die hier Isis heißt, und der Cherwell, wo man Ruderboote und »punts« (Stakboote) mieten kann.

Noch immer faszinieren die alten Colleges, wie z. B. das »Jesus College«, das 1571 von Elizabeth I. das königliche Siegel erhielt, oder das »Magdalen College«, das angeblich das schönste ist. Die Studenten wohnen, studieren, büffeln in diesen jahrhundertealten »Buden«, die gelegentlich von Touristen besucht werden können.

Seit November 2009 hat Oxford eine neue Attraktion: das total renovierte und erweiterte **Ashmolean Museum**, das für seine vielen seltenen Exponate 100 % mehr Platz erhielt, und ein Dachgartenrestaurant. Zu den Sammlungen von Elias Ashmole, die dieses Museum ursprünglich ausmachten, gehören Kunst aus Ägypten, Gemälde, Skulpturen und archäologische Funde.

Oxford ▶ Woodstock

Was Sie sich bei einem Oxfordbesuch auf jeden Fall gönnen sollten, ist ein Abstecher ins 8 km entfernte **Woodstock**, um u. a. den Blenheim Palace zu besichtigen. In **Blenheim Palace** bei Woodstock wurde Winston Churchill 1874 geboren. Das riesige Anwesen der Herzöge von Marlborough wurde 1704, nach dem Sieg bei Blenheim, erbaut.

Wenn uns eine Stadt zu Frühaufstehern macht...

*... dann muss es **live!** sein*

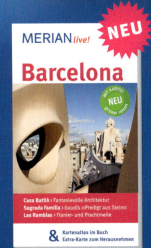

MERIAN
Die Lust am Reisen

Windsor Castle (▶ S. 120) bei Sonnenuntergang: Das Schloss wird von Königin Elizabeth II. sowohl für Staatsempfänge als auch als privater Rückzugsort genutzt.

INFORMATIONEN

Ashmolean Museum
Oxford, Beaumont Street •
Tel. 0 18 65/27 80 02 • www.
ashmolean.org • Di–So 10–18 Uhr •
Eintritt frei

Blenheim Palace
Woodstock • Tel. 08 00/8 49 65 00 •
www.blenheimpalace.com • Feb.–
Okt. tgl. 10.30–16.45 Uhr, im Winter
Mo, Di geschl. • Eintritt £ 19, Kinder
£ 10,50

Windsor und Windsor Castle

CHARAKTERISTIK: Die Stadt wird vom gewaltigen Windsor Castle beherrscht
ANFAHRT: ca. 33 km westlich von London gelegen, zu erreichen über die M 4, mit der Bahn ab Paddington und Waterloo ANFAHRTSDAUER: ca. 45 Min. EINKEHRTIPPS: Windsor Castle Hotel, 18 High Street, Tel. 0 17 53/85 15 77, www.mercure.com €€ • The Carpenters Arms, 4 Market Street, Tel. 0 17 53/ 86 37 39 € AUSKUNFT: Tourist Information Centre, Thames Street, Tel. 0 17 53/74 39 00, www.windsor.gov.uk, tgl. 9.30–17 Uhr
KARTE ▶ S. 121, a 2

Wilhelm der Eroberer begann vor über 900 Jahren den Bau der Festung Windsor Castle auf einem steil abfallenden Kreidehügel. Seit über 850 Jahren ist sie die Privatresidenz aller englischen Monarchen und zugleich das größte bewohnte Schloss Englands. Ein Fußsteig geht nach Eton, wo sich das berühmte College befindet. Sehenswert ist der imposante Schlossbereich, die **State Apartments** mit ihren Waffen, Rüstungen, Gemälden alter Meister sowie **Queen Mary's Dolls House**, ein riesiges Puppenhaus mit handwerklichen Kostbarkeiten, das Sir Edwin Lutyens 1924 entwarf. Sehr gelungen ist die nach dem Feuer im Schloss 1992 neu errichtete **St. George's Hall**, in der die Queen zu Staatsbanketten bittet. Der Ort Windsor selbst wirkt wie ein antiquarisches Kleinod mit seinen engen Gassen, dem Kopfsteinpflaster und den alten Häusern und vielen kleinen Geschäften.

Ein Besuch der **St. George's Chapel** am Fuß des Schlosses ist sehr zu empfehlen: Sie wurde 1478 von Edward IV. zu Ehren des Heiligen St. George erbaut, dem Schutzheiligen des »Orders of the Garter«, des Hosenbandordens, dessen alljährliche farbenprächtige Zeremonie immer am Montag der Ascot-Rennwoche stattfindet. Sehenswert sind in der Kirche, außer den Bannern der Ritter, das reiche Chorgestühl, die Gruften von Heinrich VIII. und Jane Seymours und weiterer Könige, wie George VI., sowie der Queen Mum und Prinzessin Margaret, die 2002 gestorben sind. St. George's Chapel ist die Privatkapelle der Königsfamilie (außer sonntags zu besichtigen).

INFORMATIONEN
Windsor Castle
Tel. 0 20/77 66 73 04 • www.royalcollection.org.uk • tgl. 9.45–16, Nov.–Feb. bis 15 Uhr • Eintritt £ 16,50, Kinder £ 9,90

London und Umgebung

Die St. Paul's Cathedral (▶ S. 89), Christopher Wren's gewaltiges, 300 Jahre altes Meisterwerk, wurde gerade von Grund auf renoviert.

Wissenswertes über London

Nützliche Informationen für einen gelungenen Aufenthalt: Fakten über Land, Leute und Geschichte sowie Reisepraktisches von A bis Z.

Auf einen Blick

Mehr erfahren über London – Informationen über Land und Leute, von Bevölkerung über Politik und Sprache bis Wirtschaft.

AMTSSPRACHE: Englisch
BEVÖLKERUNG: 60% Briten, 42% Einwanderer/Ausländer, v. a. aus Indien, Bangladesch, Pakistan und Irland
EINWOHNER: 7,56 Mio.
FLÄCHE: 1606 qkm
INTERNET: www.london.gov.uk
RELIGION: 58% Christen, 16% Atheisten, 9% Muslime, 4% Hindus
VERWALTUNG: 33 »boroughs«
WÄHRUNG: Englische Pfund (GBP)

Bevölkerung

London ist mit ca. 7,56 Mio. Einwohnern die größte Stadt Großbritanniens. Über 40 Prozent der Bewohner wurden im Ausland geboren, in London werden daher über 300 Sprachen gesprochen.

Lage und Geografie

London liegt im Südosten der Britischen Insel und erstreckt sich etwa 45 km entlang der Themse. Seit die Römer sich vor über 2000 Jahren an der Themse im heutigen Kent ansiedelten, war die Nähe zu Fluss und Meer die ideale Lage für eine Großstadt. Der Status als Inselstaat, umgeben vom Atlantischen Ozean, der Nordsee und dem Kanal im Süden, schützte Britannien über Jahrhunderte vor Kriegen und Überfällen, wie sie das restliche Europa erlebte. Durch Greenwich bei London führt der bekannte Nullmeridian.

◄ Der Afternoon Tea mit Scones und »clotted Cream« ist ein bei den Briten beliebtes Zeremoniell.

Politik und Verwaltung

London ist die Hauptstadt des Vereinigten Königreichs (United Kingdom), zu dem England, Wales, Schottland und Nordirland gehören. London ist gleichzeitig auch der Sitz des Commonwealth, jener Völkerfamilie, die sich aus vielen ehemaligen Kolonien zusammensetzt und die die Queen als Relikt eines ehemaligen Weltreichs, des British Empires, um jeden Preis zusammenhalten will. Die Weltstadt London hat über Jahrhunderte eine absolut zentrale Stellung eingenommen. Von hier wird nicht nur regiert, sondern es laufen die mächtigen Fäden der Regierung zusammen: der Monarchie, der Kirche sowie des Finanz- und Kulturwesens und natürlich auch des Militärs aller Waffengattungen. Das gesamte Königreich, zu dem als offizielle Mitgliedstaaten immer noch Kanada, Australien, Neuseeland, Grenada u. a. gehören, wird von Westminster aus regiert.

Seit Mai 2000 hat London zum ersten Mal einen eigenen Bürgermeister, der in der City Hall nahe der Tower Bridge seinen Amtssitz hat. Boris Johnson kann in London unabhängig vom Premierminister walten. Und seit Mai 2010 regiert Premierminister David Cameron von der Konservativen Partei, in Koalition mit den Freien Liberalen, unter Nick Clegg.

London ist in Stadtbezirke unterteilt, die sogenannten Boroughs. Von hier aus werden die lokalen öffentlichen Einrichtungen verwaltet.

Religion

Die meisten Briten gehören der anglikanischen Kirche an, deren Oberhaupt die Queen ist. Heinrich VIII. zerstörte während seiner Herrschaft vor 500 Jahren katholische Kirchen und Klöster. Heute hat die katholische Kirche wieder ihren Platz auf der Insel gefunden, neben allen großen Religionen der Welt, ein Zugeständnis der Toleranz, auf das die stets liberalen Briten stolz sind. London ist auch Zentrum des Islam in Großbritannien.

Sprache

Die Amtssprache ist Englisch. Daneben ist aber auf Grund der zahlreichen Einwanderer im Alltag eine Vielzahl verschiedener Sprachen zu hören.

Wirtschaft

London gehört zu den führenden Finanz- und Handelszentren der Welt. Die London Stock Exchange (Börse) steht weltweit an dritter Stelle. Doch die internationale, globale Finanzkrise hat im englischen Wirtschaftsleben Spuren hinterlassen: Banken konnten nur dank Milliarden-Krediten vor dem Zusammenbruch bewahrt werden. Da Großbritannien nicht mehr auf große Industrien zurückgreifen kann – es gibt weder eine eigene Autoindustrie, Stahl-, Schiffsbau und Bergbau existieren nicht mehr –, findet auch Export in begrenzter Weise statt. Viele (einst) große englische Namen wie Rolls Royce, Bentley und Jaguar sind in ausländischer Hand, ebenso wie bekannte Hotelgruppen. Der Wert des englischen Pfundes ist stark gefallen. Über 27,1 Mio. Touristen besuchen jährlich London.

Geschichte

43 v. Chr.
Römische Truppen unter Kaiser Claudius besiegen am Südufer der Themse die Kelten. Wo heute Southwark (mit Kathedrale) liegt, entstand die erste römische Siedlung, die die Römer Londinium nannten. Die erste Holzbrücke über die Themse führt zur heutigen City.

60 n. Chr.
Königin Boadicea aus Ostanglia vom Stamm der Icener fällt plündernd in London ein und zerstört die Stadt fast vollständig. Doch die Römer vertreiben sie schließlich und machen London in den nächsten 350 Jahren zum großen Hafen und Handelsplatz.

407
Rom zieht seine Legionen aus Britannien ab.

604
König Ethelbert beginnt mit dem Bau der ersten St. Paul's Kathedrale in London.

884
Der angelsächsische König Alfred der Große macht London zur Hauptstadt.

1066
König William I. (William der Eroberer) wird am Weihnachtstag in der Westminster Abbey gekrönt, nachdem er die berühmte Schlacht bei Hastings gewonnen hatte. Er gibt eine Befragung und erste Landvermessung in Auftrag, festgehalten im Domesday Book (1086), heute in der British Library.

1078
William I. beginnt mit dem Bau des Tower of London, später Zentrum königlicher Macht im Mittelalter. Die Fertigstellung zog sich über mehrere Jahrhunderte hin.

1215
König John unterzeichnet die Magna Charta, die schriftlich die Rechte aller Bürger, des Adels und der Kirche festlegt.

1338
Unter König Edward III. wird Westminster zum Parlament mit zwei Häusern (Unter- und Oberhaus).

1533
Der Tudorkönig Heinrich VIII. sagt sich vom Vatikan los und gründet die anglikanische Kirche, deren Oberhaupt er wird. Nach seinem Tod folgen Jahre der religiösen Konflikte. Heinrich baut den St. James's Palast.

1558
Elizabeth I. kommt mit 25 Jahren auf den Thron. Sie führt England zu neuer Blüte: Sie fördert Wissenschaft und Kunst (Shakespeare), das Land wird zur Seemacht (1588 Sieg über Armada).

1605
Rebellen-Anführer Guy Fawkes will als Wortführer katholischer Gruppen das Parlamentsgebäude in die Luft sprengen. Der Anschlag misslingt.

1649
König Charles I. wird zum Tode verurteilt und auf einem Gerüst vor dem Whitehall-Palast geköpft.

Geschichte 127

1653
Religions- und Bürgerkriege bringen Oliver Cromwell als Lord Protector an die Macht.

1666
Das »große Feuer von London« wütet vom 2. bis 5. September in der Stadt und zerstört fast vier Fünftel der mittelalterlichen Bauten.

1750
Bau der Westminster Bridge.

1837
Königin Victoria besteigt den Thron mit 18 Jahren und regiert bis 1901. Unter ihrer Herrschaft (und den Ideen ihres Mannes, dem deutschen Prinzen Albert) erlebt Großbritannien einerseits einen wirtschaftlichen Aufschwung. Andererseits steht die viktorianische Ära für soziale Missstände und Puritanismus.

1863
Die erste Untergrundbahn (Underground/Tube) wird eröffnet. Eisenbahnen gibt es seit 1836.

1897
Victorias 60. Regierungsjubiläum. London ist Mittelpunkt eines weltweiten Empires.

1901
Victoria stirbt. Ihr folgt der Sohn Edward VII., der als Prinz von Wales mit seinem Lebensstil einer ganzen Epoche, der »Edwardian Era«, den Namen gab.

1918
Die Suffragetten kämpfen für die Gleichberechtigung und siegen: Frauen dürfen von nun an wählen.

1939–1945
Fast 30 000 Londoner kommen bei Luftangriffen der Deutschen ums Leben.

1952
Elizabeth II. besteigt nach dem Tod ihres Vaters, König Georg VI., den Thron. Sie ist 26 Jahre alt.

1969
Prinz Charles wird zum Prinzen von Wales erklärt.

1979
Margaret Thatcher wird erste Premierministerin Großbritanniens, nachdem die Konservative Partei die Wahlen gewinnt.

1982
Sieg Großbritanniens über Argentinien um die Falklandinseln.

1990
Die Konservative Partei zwingt Margaret Thatcher zum Rücktritt. John Major tritt ihre Nachfolge an. Die EU wird zum Reizthema aller Parteien.

1. Mai 1997
Tony Blair erringt mit der Labour Partei einen überwältigenden Wahlsieg.

2005
Terroristen töten am 7. Juli bei Bombenanschlägen 52 Menschen.

2012
Die Queen begeht ihr Diamantenes Thronjubiläum: 60 Jahre auf dem Thron. London richtet die 29. Olympischen Spiele aus, sie finden vom 27. Juli–12. August statt.

Sprachführer Englisch

Wichtige Wörter und Ausdrücke

Ja – Yes
Nein – No
Bitte – please
Gern geschehen – My pleasure/
  you're welcome
Danke – Thank you
Wie bitte? – Pardon?
Ich verstehe nicht – I don't under-
  stand
Entschuldigung – Sorry/I beg your
  pardon/excuse me
Guten Morgen – Good morning
Guten Tag – How do you do
Guten Abend – Good evening
Hallo – Hello
Ich heiße … – My name is …
Ich komme aus … – I come from …
Wie geht's? – How are you?
Danke, gut – Fine, thanks
Wer, was, welcher – Who, what,
  which
Wie viel – How many/how much
Wo ist … – Where is …
Wann – When
Wie lange – How long
Sprechen Sie Deutsch? – Do you
  speak German?
Auf Wiedersehen – Good bye
Heute – Today
Morgen – Tomorrow

Zahlen

eins – one
zwei – two
drei – three
vier – four
fünf – five
sechs – six
sieben – seven
acht – eight
neun – nine
zehn – ten

elf – eleven
zwölf – twelve
dreizehn – thirteen
vierzehn – fourteen
fünfzehn – fifteen
sechszehn – sixteen
siebzehn – seventeen
achtzehn – eighteen
neunzehn – nineteen
zwanzig – twenty
einhundert – one hundred

Uhrzeiten

1 Uhr – one o' clock/one a.m.
13 Uhr – one p.m.
halb zwei – half past one
viertel nach/vor eins – quarter past/
  to one
viertel vor zwei – quarter to two
Mitternacht – midnight
Mittag – midday/noon
eine Stunde – one hour
Einen Augenblick, bitte –
  One moment, please

Wochentage

Montag – Monday
Dienstag – Tuesday
Mittwoch – Wednesday
Donnerstag – Thursday
Freitag – Friday
Samstag – Saturday
Sonntag – Sunday

Geld

Wo kann ich Geld wechseln? –
  Where can I change money?
Ich suche einen Geldautomaten –
  I'm looking for an ATM
Ich möchte einen Reisescheck
  einlösen – I would like to cash a
  traveller's cheque
Kann ich mit Kreditkarte zahlen –
  Do you accept credit cards?

Sprachführer Englisch 129

Unterwegs

Wie weit ist es nach …? – How far is it to …?

Wie kommt man nach …? – How do I get to …?

Wo ist …? – Where is …?

– die nächste Werkstatt? – the nearest garage

– der Bahnhof/Busbahnhof – the station/bus terminal

– die nächste U-Bahn-Station – the nearest tube station

– der Flughafen – the airport

– die Touristeninformation – the tourist information

– die nächste Bank – the nearest bank

– die nächste Tankstelle – the nearest petrol station

Wo finde ich einen Arzt/eine Apotheke? – Where do I find a doctor/a pharmacy?

Normalbenzin – Regular petrol

Super – Super

Diesel – Diesel

Bleifrei – unleaded

rechts – right

links – left

Ich möchte ein Auto mieten – I would like to hire a car

Wir hatten einen Unfall – We had an accident

Eine Fahrkarte nach … bitte – A ticket to … please

Ich habe meinen Pass/Brieftasche verloren – I have lost my passport/wallet

Übernachten

Ich suche ein Hotel – I'm looking for a hotel

Ich hätte gern ein Zimmer für … Personen – I would like to have a room for … people

Haben Sie noch Zimmer frei? – Do you have any vacancies?

– für eine Nacht – for one night

– für eine Woche – for one week

Ich habe ein Zimmer reserviert – I made a reservation for a room

Wie viel kostet das Zimmer? – How much is the room?

– mit Frühstück – including breakfast

– mit Halbpension – half board

Kann ich das Zimmer sehen? – Can I have a look at the room?

Essen und Trinken

Wir haben einen Tisch reserviert – We have booked a table

Die Speisekarte bitte – Could I see the menu, please?

Die Rechnung bitte – Could I have the bill, please?

Ich hätte gern einen Kaffee – I would like a cup of coffee

Wo finde ich die Toiletten (Damen/Herren)? – Where are the washrooms/toilets (Ladies/Gents)?

Frühstück – breakfast

Mittagessen – lunch

Abendessen – dinner

Einkaufen

Wo gibt es …? – Where do I find …?

Haben Sie …? – Do you have …?

Wie viel kostet das? – How much is this?

Das ist zu teuer – That's too much

Danke, das ist alles – Thank you, that's it

geöffnet/geschlossen – open/closed

Kaufhaus – Department Store

Einkaufszentrum – Shopping Centre

Lebensmittelgeschäft – supermarket, grocery shop

Briefmarken für einen Brief/eine Postkarte nach Deutschland/Österreich/in die Schweiz – stamps for a letter/a postcard to Germany/Austria/Switzerland

Kulinarisches Lexikon

A
applejuice – Apfelsaft
asparagus – Spargel

B
bacon – Speck
baked – gebacken
beans – Bohnen
beef – Rindfleisch
biscuit – Keks
bitter – dunkles Bier
boiled – gekocht, gesotten
bottle – Flasche
bread – Brot
Brussels sprouts – Rosenkohl
bun – süßes Brötchen

C
cabbage – Kohl
calves liver – Kalbsleber
cauliflower – Blumenkohl
cereals – Cornflakes u. Ä.
cheese – Käse
cherry – Kirsche
chicken – Huhn, Hühnerfleisch
chips – Pommes frites
chop – Kotelett
cod – Kabeljau
cooked – gebraten, gebacken
cookie – Keks
corn – Mais
cottage cheese – Hüttenkäse
cranberry – Preiselbeere
cup – Tasse
cutlet – Kotelett

D
decaffeinated – koffeinfrei
dessert – Nachtisch
dish of the day – Tagesgericht
draught beer – Bier vom Fass
dry – trocken (Wein, Sherry, Sekt)
duck – Ente
dumplings – Klöße

E
egg – Ei
– boiled egg – gekochtes Ei
– fried egg – Spiegelei
– scrambled egg – Rührei
escalope – Schnitzel

F
fish 'n' chips – Fisch mit Pommes
fork – Gabel
french beans – grüne Bohnen
fried – in der Pfanne gebraten
fruit juice – Fruchtsaft

G
game – Wild
garlic – Knoblauch
grape – Weintraube
grapefruit – Pampelmuse
gravy – Bratensoße
grilled – gegrillt

H
haddock – Schellfisch
ham – gekochter Schinken
herbs – Kräuter
honey – Honig
hot – heiß, auch scharf, pikant

J
jam – Marmelade
juice – Saft

K
kidney – Niere
knife – Messer

L
lager – helles Bier
lamb – Lamm, Schaffleisch
leek – Lauch, Porree
lemonade – Zitronenlimonade
lentils – Linsen
lettuce – (Kopf-)Salat

Kulinarisches Lexikon   131

liquor – Hochprozentiges
liver – Leber
lobster – Hummer
loin – Lendenstück

M
mackerel – Makrele
marmalade – Orangenmarmelade
mashed potato – Kartoffelbrei
meat – Fleisch
menu – Speisekarte
minced meat – Hackfleisch
mineral water – Mineralwasser
mint sauce – Pfefferminzsauce
mushroom – Pilz
mussel – Muschel
mustard – Senf

N
napkin – Serviette

O
onions – Zwiebeln
oysters – Austern

P
pancake – Pfannkuchen
parsley – Petersilie
pastry – Konditorware, Pasteten
peach – Pfirsich
peas – Erbsen
pear – Birne
peppers – Paprika (Gemüse)
pie – Pastete
pineapple – Ananas
poached – pochiert
pork – Schweinefleisch
poultry – Geflügel
prawn – Garnele
plate – Teller
pumpkin – Kürbis

R
raspberries – Himbeeren
raw – roh
rib – Rippe

roast – Braten
roll – Brötchen

S
salmon – Lachs
sausage – Wurst
scallop – Kammmuschel
scones – (weiches) Teegebäck
sea-food – Meeresfrüchte
set menu – Mittagsmenü
shrimps – Krabben
sirloin – Lendenstück vom Rind
slice – Scheibe
smoked – geräuchert
sole – Seezunge
sparkling – sprudelnd
spicy – gewürzt, pikant
spirits – Spirituosen
starter – Vorspeise
steamed – gedämpft
stewed – geschmort
still – ohne Kohlensäure
Stilton – Blauschimmelkäse
stout beer – dunkles Starkbier
strawberries – Erdbeeren
stuffed – gefüllt

T
tart – Törtchen
tea – Tee
trifle – süßer Auflauf mit Früchten
trout – Forelle
tuna – Thunfisch
turkey – Truthahn
turnip – Rübe

V
veal – Kalbfleisch
vegetable – Gemüse
venison – Wild, Reh
vinegar – Essig

W
walnut – Walnuss
well-done – durchgebraten
whipped cream – Schlagsahne

Reisepraktisches von A–Z

ANREISE

MIT DEM AUTO

Von deutschen Häfen gibt es keine Fährverbindungen mehr. Wer mit dem eigenen Wagen nach Großbritannien möchte, muss die bekannten Häfen Dünkirchen, Calais oder Boulogne ansteuern, von wo die großen Autofähren nach Dover oder Folkestone übersetzen. Das bedeutet: 50–90 Min. Überfahrt über den Kanal und dann nochmal 120 km auf der Autobahn M20 nach London.
Oder von Esbjerg in Dänemark nach Harwich übersetzen, in 19 Std.
www.dfdsseaways.co.uk.

MIT DEM AUTO
DURCH DEN TUNNEL

Wer nicht von eventuellem Seegang abhängig sein möchte, für den ist der Autozug Eurotunnel die ideale Alternative. 35 Min. dauert die Fahrt von Calais nach Folkestone. Am Eurotunnel Port in Calais wird auf den Zug gefahren, und am Eurotunnel Port an der englischen Küste rollt man wieder an Land. Dieser Autozug transportiert außer Pkw und Motorrädern auch Busse und Campingwagen. 53 Fahrten finden pro Tag statt. Preise richten sich nach Tages- und Jahreszeiten.
www.eurotunnel.com

MIT DER BAHN

Es ist schon ein besonderes Erlebnis, mit dem Passagierzug Eurostar von Brüssel, Paris, Lille oder Calais in die britische Hauptstadt zu fahren und am funkelnagelneuen Bahnhof »St. Pancras International« anzukommen. Die alte »St. Pancras Station« wurde mit großem Aufwand in einen hochmodernen Bahnhof mit internationalem Flair verwandelt. Die Fahrzeit von Brüssel nach London beträgt 1 Std. 55 Min. Von Paris nach London dauert es nur 2 Std. 15 Min.
Alle Infos: www.eurostar.com

MIT DEM BUS

Täglich fahren Busse der **Deutschen Touring-Gesellschaft** von verschiedenen deutschen Städten nach London (Victoria Bus Station).
Deutsche Touring-Gesellschaft
Am Römerhof 17, 60486 Frankfurt/
Main • Tel. 0 69/79 03 05 01 •
www.touring.de

MIT DEM FLUGZEUG

Von allen größeren Flughäfen in Deutschland, Österreich und der Schweiz gibt es täglich mehrere Direktverbindungen. Die Linienflüge von **British Airways**, **Lufthansa**, **Austrian** und **Swiss** landen in **Heathrow** und immer mehr jetzt auf dem London City Airport, die meisten Billigfluglinien fliegen nach Stansted und Luton. Gatwick Airport ist überwiegend für Pauschalreisen, mit Ausnahme von **Swiss** ab Zürich und Basel.
Auf www.atmosfair.de und www.myclimate.org kann jeder Reisende durch eine Spende für Klimaschutzprojekte für die CO_2-Emission seines Fluges aufkommen.

Vom Flughafen in die Stadt

In allen Flughäfen sind gut erkennbare Zeichen für Taxis, Busse, U-Bahnen usw. angebracht, die dem Ankömmling helfen, in die Stadt zu kommen.

Heathrow Airport (24 km westl. von London): Am günstigsten ist der Heathrow Express. Er fährt alle 15 Min. und benötigt 15–21 Min. für die Fahrt zum Bahnhof Paddington; Fahrpreis ab £ 18. U-Bahn: alle 5 Min. nach Central London (u. a. Piccadilly); Fahrtdauer 50–60 Min.; Preis £ 4. Mit dem Taxi: £ 50–70; Fahrtzeit ca. 60 Min.; je nach Verkehr.
Gatwick (45 km südl. von London): Im Gatwick Express ist man in 30 Min. in London, Victoria Station. Fährt alle 15 Min.; Kosten £ 17,90. Southern Rail: alle 15 Min. nach Victoria Station; Fahrtdauer: 35 Min.; Preis £ 12,50. Taxis kosten £ 95 zzgl. £ 10 Congestion Charge; Dauer ca. 65 Min.
Stansted Airport (56 km nordöstl. von London): Mit dem Zug: Stansted Express nach Liverpool Street Stn. (alle 15 Min.) Dauer 45 Min.; Kosten £ 21. Per Bus: National Express A 6 nach Victoria (alle 20 Min.) Dauer ca. 90 Min.; Kosten £ 10,50. Taxi: £ 99; dauert 60–90 Minuten.
Luton Airport (52 km nördl. von London): Per Zug 30 Min. nach St. Pancras Station oder King's Cross; Fahrtzeit 30 Min.; ab £ 14. Oder: Easy Bus nach Victoria Station; Kosten £ 10. Taxi: 75 Min. Fahrt; Kosten ca. £ 85.
London City Airport (16 km östl. von London); mit der DLR bis nach Bank, dort in die U-Bahn umsteigen; kostet £ 4. Taxi: Kosten ca. £ 30.

AUSKUNFT
IN DEUTSCHLAND, ÖSTERREICH UND DER SCHWEIZ
Visit Britain
Hackescher Markt 1, 10178 Berlin • Tel. 0 18 01/46 86 42 (Ortstarif) • www.visitbritain.de

IN LONDON
Britain and London Visitor Centre (BLVC) ▸ S. 143, D 8
St. James's • 1 Lower Regent St., SW1 • U-Bahn: Piccadilly Circus (c 4) • Tel. 0 87 01/56 63 66 • www.visit london.com • Mo–Fr 9.30–18, Sa, So, feiertags 10–16 Uhr

BUCHTIPPS
Nick Hornby: A long way down (Kiepenheuer & Witsch, 2005) In der Silvesternacht treffen sich vier Menschen zufällig auf dem Dach eines Londoner Hochhauses, um sich das Leben zu nehmen. Die Menschen beginnen, sich gegenseitig ihre Geschichte zu erzählen, und so finden vier sehr unterschiedliche Charaktere zueinander.
Charles Dickens: Oliver Twist (Dressler, 2005). Das soziale Elend von London im 19. Jh. ist das Thema dieses Klassikers.
Monica Ali: Brick lane (Droemer/Knaur, 2005) Geschichte eines Mädchens aus Bangladesch, das in Londons »Brick lane« geschickt wird.

DIPLOMATISCHE VERTRETUNGEN
Botschaft und Konsulat der Bundesrepublik Deutschland
▸ S. 141, E/F 4
23 Belgrave Square, SW1 • Tel. 0 20/78 24 13 00 • Mo–Fr 9–11.30 Uhr

Botschaft und Konsulat der Republik Österreich ▸ S. 141, E 4
18 Belgrave Mews West, SW1 • Tel. 0 20/73 44 32 50 • Mo–Fr 9–12 Uhr

Botschaft der Schweiz
▸ S. 142, A 7
16–18 Montagu Place, W1 • Tel. 0 20/76 16 60 00 • Mo–Fr 9–12 Uhr

FEIERTAGE

1. Jan. Neujahrstag
Karfreitag
Ostermontag
Erster Mo im Mai May-Day
Letzter Mo im Mai Bank Holiday
Letzter Mo im August Bank Holiday
25. Dez. Christmas Day
26. Dez. Boxing Day

GELD

1 Britisches Pfund … 1,13 €/1,23 SFr
1 € … 0,88 Pfund
1 SFr … 0,82 Pfund

Das **Pfund Sterling** (£) ist in 100 Pence (p) unterteilt. Im Umlauf sind Münzen zu 1, 2, 5, 10, 20, 50 p, £ 1 und £ 2 sowie Scheine zu 5, 10, 20 und £ 50.

Beim **Geldwechseln** muss man meistens einen Reisepass vorzeigen und eine Adresse in London angeben.

Kreditkarten sind in Großbritannien sehr gebräuchlich. Die gängigsten sind American Express, Diners Club, Visa und Mastercard.

Banken haben normalerweise Mo–Fr von 9–17 Uhr, einige auch am Samstagvormittag geöffnet. Vor Feiertagen ist oft schon mittags Schalterschluss.

In **Wechselstuben** (Exchange) bekommt man einen schlechteren Wechselkurs als in der Bank plus hohe Bearbeitungsgebühren. Sie erhalten auch an jedem Geldautomaten Tag und Nacht Geld mit Ihrer EC-Karte und der Geheimnummer.

INTERNETADRESSEN

www.royal.gov.uk
Offizielle Website der königlichen Familie mit nützlichen Informationen zum Besuch der Paläste.

www.tfl.gov.uk
Strecken und Fahrpläne der öffentlichen Verkehrsmittel.
www.ticketmaster.co.uk und
www.seetickets.com
Karten und Infos für Konzerte, Sportveranstaltungen und Events für Familien und Kinder.
www.whatsonstage.com und
www.officiallondontheatre.co.uk
Informationen über Londoner Theateraufführungen und Ticketbestellungen.
www.londonnet.co.uk
Eine gute Quelle für das aktuelle Geschehen in der Stadt, außerdem Sportereignisse.
www.viewlondon.co.uk
Tipps zur ständig wechselnden Londoner Club-Szene.
www.streetmap.co.uk
Stadtpläne von London und anderen englischen Städten.
www.timeout.com/london
Die Stadtzeitung »Time Out« gilt seit Jahrzehnten als die zuverlässigste und aktuellste Informationsquelle zu allen Aspekten der Stadt: Restaurants und Kneipen, Hotels, Nachtleben und vieles mehr. Die Webseite ist auch von hoher Qualität.
www.londontoursaufdeutsch.com
Informationen über deutschsprachige Stadtrundgänge mit Stadtführerin. Auch private Touren für Einzelpersonen oder Gruppen.

MEDIZINISCHE VERSORGUNG
KRANKENVERSICHERUNG

Die Vorlage einer Europäischen Krankenversicherungskarte (EHIC) ist ausreichend. Als zusätzlicher Versicherungsschutz empfiehlt sich der Abschluss einer Auslandskrankenversicherung, da diese Krankenrücktransporte mitversichert.

KRANKENHAUS
St Mary's Hospital ▸ S. 140, C 1
Paddington • Praed Street, W2 •
U-Bahn: Paddington (b 3) • Tel. 0 20/
33 12 66 66

Die Behandlungszentren (Walk-in Centres) des National Health Service behandeln leichte Verletzungen und Erkrankungen.
www.nhs.uk

APOTHEKEN
Apotheken im Stadtzentrum sind in der Regel tgl. von 9–20 Uhr geöffnet.

Bliss Pharmacy ▸ S. 141, E 1
Marylebone • 5–6 Marble Arch, W1H •
U-Bahn: Marble Arch (c 4) • Tel. 0 20/
77 23 61 16 • tgl. 9–24 Uhr

Zafash Pharmacy
▸ S. 140, südl. A 4

Kensington • 233–235 Old Brompton Road, SW5 • U-Bahn: Earl's Court (b 5) • Tel. 0 20/73 73 27 98 • tgl. 24 Std.

NOTRUF
Tel. 999
(Polizei, Feuerwehr, Rettungsdienst)

POST
Die Briefkästen in Großbritannien sind rot. Briefmarken erhält man in allen Postfilialen, Zeitungsläden und an Tankstellen. Eine Postkarte nach Deutschland, Österreich und in die Schweiz kostet 0,68 Pence.

RAUCHEN
Seit 1. Juli 2007 ist Rauchen in allen öffentlichen Gebäuden verboten, man darf also weder in Pubs, Restaurants, Hotels, Geschäften, Museen, Taxis, Zügen, U-Bahnen, Bus-

NEBENKOSTEN

1 Tasse Kaffee	3,00–5,50 €
1 Bier	3,90–6,00 €
1 Cola	2,50–4,00 €
1 Brot (ca. 500 g)	1,50–3,00 €
1 Schachtel Zigaretten	7,60 €
1 Liter Benzin	1,50–1,80 €
1 Fahrt mit öffentlichen Verkehrsmitteln (Einzelfahrt)	3,00–15,00 €
1 Mietwagen/Tag	80,00–150,00 €

sen noch in Theatern, der Oper und Kinos zur Zigarette greifen.

REISEDOKUMENTE
Deutsche, Österreicher und Schweizer können mit einem gültigen Reisepass oder Personalausweis (Identitätskarte) einreisen. Kinder unter 16 Jahren müssen im Pass eines Elternteils eingetragen sein oder benötigen einen Kinderausweis. Schweizer müssen bei der Einreise die »Pink Card« (rosa Formular) ausfüllen.

REISEKNIGGE
Das Wichtigste immer und überall ist Höflichkeit! »Please«, »thank you« und »sorry« fallen im Gespräch sehr häufig.
An Haltestellen und Schaltern drängelt man sich nicht vor, sondern wartet geduldig, bis man an der Reihe ist. Anders geht es im Pub zu, wo es keine Bedienung am Tisch gibt. Hier muss man sich einen Platz an der Theke erkämpfen und mit einem Geldschein winken, um Aufmerksamkeit zu erhalten. Trinkt man in einer Gruppe von Freunden, so holt jeder der Reihe nach eine Runde (»it's my round«).

Mittelwerte	JAN	FEB	MÄR	APR	MAI	JUN	JUL	AUG	SEP	OKT	NOV	DEZ
Tages-temperatur	6	7	10	13	17	20	22	21	19	14	10	8
Nacht-temperatur	2	2	3	6	8	12	14	13	11	8	5	4
Sonnen-stunden	2	2	4	6	7	7	7	6	5	3	2	1
Regentage pro Monat	15	13	11	12	12	11	12	11	13	13	15	15

REISEWETTER

Viel besser als sein Ruf – dank des Golfstroms. Mild und warm ab Ende April. Im Februar blühen im Hyde Park schon Osterglocken. Selbst im Winter sinken die Temperaturen kaum unter Null Grad Celsius.

STADTRUNDFAHRT

Eine Stadtrundfahrt in einem der vielen Sightseeing-Busse ist immer noch eine der besten Möglichkeiten, sich einen ersten Eindruck von dieser riesigen Stadt zu verschaffen. Von Victoria Station aus verkehren regelmäßig etliche Busse, viele bieten Rundfahrten in Deutsch an. Und: Man kann jederzeit (erstmal) aussteigen, um die eine oder andere Sehenswürdigkeit länger zu besichtigen, und dann später wieder zusteigen. Info unter www.bigbus.co.uk und www.theoriginaltour.com

STROM

Die elektrische Spannung beträgt 240 Volt. Für elektrische Geräte wird ein Steckeradapter benötigt.

TELEFON

VORWAHLEN

D, A, CH ▸ Großbritannien 00 44
Großbritannien ▸ D 00 49
Großbritannien ▸ A 00 43
Großbritannien ▸ CH 00 41

Die berühmten roten Telefonzellen sind inzwischen durch graue ersetzt worden, nur hin und wieder findet man noch eine, wie z. B. in Covent Garden. In den neuen Zellen kann man mit Telefonkarten, erhältlich im Postamt oder in Läden mit BT-Phonecard-Aufkleber (£ 20, £ 10, £ 4, £ 2, £ 1), oder Bargeld telefonieren. Eine Minute nach Deutschland kostet ab £ 1,30.

Auskunft 11 85 00
Auskunft international 11 85 05 (£ 3,98/Min.)
Weckruf (alarm call) 1 00 (£ 8,50)

TIERE

Tiere müssen mit einem winzigen Mikrochip unter dem Fell versehen sein. Ihr Tierarzt hat alle nötigen Informationen. Aber: Wer seinen Hund liebt, sollte ihn lieber zu Hause lassen, denn Sie können ihn nirgendwo mit hinnehmen. In Hotels, Geschäften, Restaurants, Pubs, Museen usw. sind mit Ausnahme von Blindenhunden keine Hunde erlaubt.

TRINKGELD

In Restaurants steht das Trinkgeld meist mit auf der Rechnung (»service charge«), achten Sie darauf! Bei Taxis (und Frisör) beträgt der »tip« 10%.

Im Hotel (Gepäckträger, Zimmermädchen) das weltweit Übliche.

VERKEHR

AUTO

Wer mit dem eigenen Wagen anreist, stößt im hektischen Londoner Verkehr auf Verständnis für Ausländer. Andere »einfädeln lassen« gehört immer noch zum guten Ton. Und Rasen ist bei der immensen Verkehrsdichte ohnehin nicht möglich. Die grüne Karte Ihrer Autoversicherung sollten Sie allerdings immer bei sich haben.

Seit 2003 muss man im Stadtkern eine »congestion charge« zahlen, eine Maut: £ 10 pro Tag (Mo–Fr 7–18 Uhr). Sie erkennen diese Zone an einem großen weißen »C« auf rotem Untergrund im Asphalt. Infos unter: www.cclondon.com oder Tel. 08 45/9 00 12 34. Nicht-Zahlen kann teuer werden.

Verkehrsregeln

Abgesehen vom etwas gewöhnungsbedürftigen Linksverkehr gibt es in Großbritannien noch einige andere Besonderheiten. Im Kreisverkehr (»roundabout«) gilt immer rechts vor links! An Zebrastreifen herrscht Haltepflicht, falls ein Fußgänger sich zum Überqueren anschickt. Beim Spurwechseln und Abbiegen unbedingt blinken. Es gelten auch »hand signals«, das heißt, Sie können den Arm aus dem Wagenfenster halten, um Abbiegen anzudeuten.

Parken

Kostenloses Parken gibt es nicht. Parkuhren sind teuer und gelten nur begrenzte Zeit (1–2 Std.). Falsches Parken (auf doppelter gelber Straßenmarkierung, auf für Busse reservierter roter Fahrspur oder den weißen Zickzacklinien vor Zebrastreifen) bringt Ihnen ein »ticket« ein, was (je nach Stadtteil) £ 80 – £ 140 kostet, evtl. sogar eine Parkkralle einbringt, die man mit £ 120 bezahlen muss. Abschleppen wird noch teurer: ca. £ 200.

BUSSE

Leider verhindert der Londoner Verkehr fahrplangemäße Pünktlichkeit. An Haltestellen (»bus stop«) bitte geduldig anstellen (»queueing«).

Haltestellen sind durch ein weißes Schild mit rotem Kreis und der Aufschrift »Bus Stop« gekennzeichnet. Hier hält der Bus in jedem Fall. An weißen Schildern mit der Aufschrift »Bus Stop request« hält er nur auf Handzeichen bzw. wenn Sie aussteigen wollen, nach Bedienen des Klingelknopfes im Bus.

Die **Oyster Card** ist die moderne, unkomplizierte Art für Fahrten auf allen Londoner Verkehrsmitteln: ob Bus, U-Bahn, Zug, DLR (Docklands Light Railway), diese Fahrkarte gilt überall. Allerdings nur für Erwachsene. Kinder unter 11 Jahren fahren kostenlos in Bussen und unter 10 Jahren frei in der U-Bahn, in Begleitung Erwachsener. Zu kaufen gibt es die Karte in Bahnhöfen und Zeitungsläden. Kosten: mit £ 5, £ 10 oder £ 20 wird die Karte aufgeladen, und man stockt erneut auf, wenn die Karte leer ist. Und: Mit der Oyster Card wird per Strecke weniger berechnet, www.tfl.gov.uk/oyster. Außerdem gibt es die One Day Travelcard (Ein-Tages-Karte für Busse und U-Bahn), Preise von £ 7 bis £ 15, je nach Entfernung und Tageszeit. Nach 9.30 Uhr sind die Fahrten günstiger.

LEIHFAHRRÄDER

Mindestens 6000 Fahrräder an ca. 400 »Docking Stations« stehen den Londonern neuerdings zum Mieten zur Verfügung. Zu erkennen sind sie an den blauen Aufschriften »Barclays Cycle Hire«, im Volksmund »Boris Bikes« genannt, nach Bürgermeister Boris Johnson, der den Verleih einführte. Die ersten 30 Min. sind frei, plus £ 1 Tagesgebühr. Die nächste halbe Stunde kostet £ 1, und der Preis steigert sich dann erheblich. Man kann nur mit Debit- oder Kreditkarte zahlen, z. B. VISA oder Mastercard. Ab 14 Jahren.
Tel. 08 45/0 26 36 30 • www.tfl. gov.uk/roadusers/cycling

U-BAHN, DLR UND BAHN

Die »Tube« (zu Deutsch: Röhre) ist das schnellste Verkehrsmittel in London. Sie befördert heute über 2,6 Mio. Personen pro Tag. Das Streckennetz ist 400 km lang und wird gen Osten, Richtung Stratford, derzeit stark erweitert, wegen der Olympischen Sommerspiele 2012.
U-Bahnhöfe erkennt man leicht am Symbol: großer roter Kreis mit jeweiligem Namen der Station. Der U-Bahn-Plan ist klar verständlich durch Farbunterteilung der einzelnen Strecken. Werktags fahren die Züge von 5.30 bis 24 Uhr, sonntags von 7.30 bis 23.30 Uhr. Fahrkarten gibt es an Schaltern und Automaten. Die Oyster Card (▸ S. 137) erspart langes Anstehen an Schaltern und macht Umsteigen in Busse und die DLR (Docklands Light Railway) mühelos. Die One Day Travel Card ist eine verbilligte Tageskarte, kombiniert für Bus und U-Bahn. Preise je nach Zone von £ 7 bis £ 15. Fahrkartenkontrollen gibt es an den Sper-

ren zu (und von den) Bahnsteigen. Für Fahrten nach Greenwich und den Docklands nimmt man die DLR (Docklands Light Railway). Sie fährt alle 10 Min., täglich von 5.30– 0.30 Uhr, Ausgangspunkt: Bank. Die DLR-Stationen sind gekennzeichnet mit einem großen grünen Kreis mit dunkelblauem Querbalken, in dem DLR steht.

TAXIS

Es ist am sinnvollsten, per Handzeichen ein Taxi heranzuwinken. Das erleuchtete Zeichen »for hire« zeigt einen unbesetzten Wagen an. Für Gepäckstücke wird ein Aufpreis berechnet. Preisgünstige Alternative: Mini-Cabs, die aber telefonisch vom Hotel bestellt werden müssen.

ZEITVERSCHIEBUNG

In London gilt die Westeuropäische Zeit (MEZ -1 Std.).

ZOLL

Reisende aus Deutschland und Österreich dürfen Waren abgabenfrei mit nach Hause nehmen, wenn diese für den privaten Gebrauch bestimmt sind. Bestimmte Richtmengen sollten jedoch nicht überschritten werden (z. B. 800 Zigaretten, 90 l Wein, 10 kg Kaffee). Weitere Auskünfte unter www.zoll.de und www.bmf.gv.at/zoll.
Reisende aus der Schweiz dürfen Waren im Wert von 300 SFr abgabenfrei mit nach Hause nehmen, wenn diese für den privaten Gebrauch bestimmt sind. Tabakwaren und Alkohol fallen nicht unter diese Wertgrenze und bleiben in bestimmten Mengen abgabenfrei (z. B. 200 Zigaretten, 2 l Wein). Weitere Auskünfte unter www.zoll.ch.

Kartenatlas
Maßstab 1:18 000

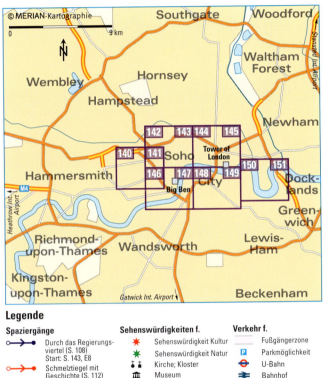

Legende

Spaziergänge

- Durch das Regierungsviertel (S. 108) Start: S. 143, E8
- Schmelztiegel mit Geschichte (S. 112) Start: S. 143, D8
- Auf den Spuren der Queen (S. 114) Start: S. 143, D8

Sehenswürdigkeiten

- MERIAN-TopTen
- MERIAN-Tipp
- Sehenswürdigkeit, öffentl. Gebäude

Sehenswürdigkeiten f.

- Sehenswürdigkeit Kultur
- Sehenswürdigkeit Natur
- Kirche; Kloster
- Museum
- Denkmal
- Archäologische Stätte

Verkehr

- Autobahn
- Autobahnähnliche Straße
- Fernverkehrsstraße
- Hauptstraße
- Nebenstraße

Verkehr f.

- Fußgängerzone
- Parkmöglichkeit
- U-Bahn
- Bahnhof
- Flughafen
- Flugplatz

Sonstiges

- Information
- Theater
- Markt
- Botschaft, Konsulat

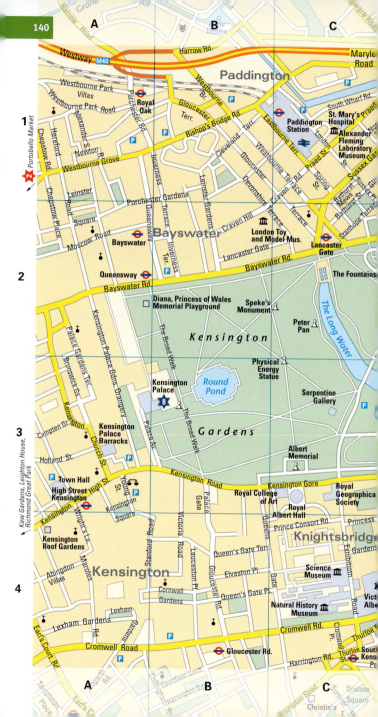

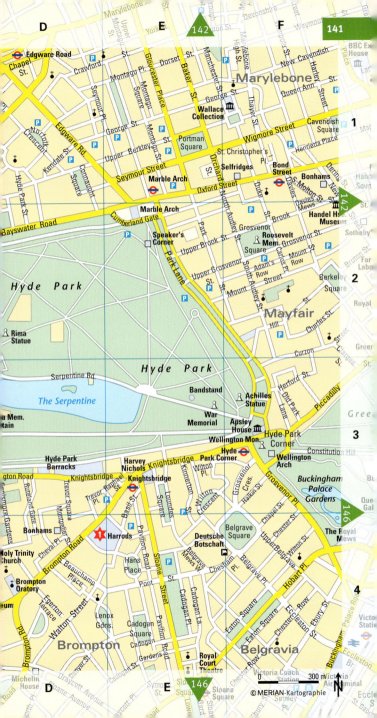

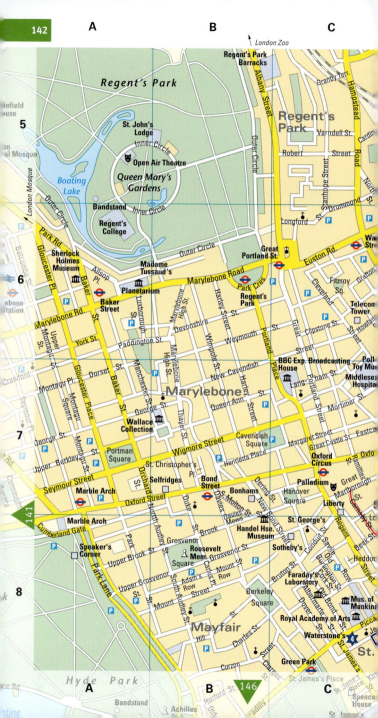

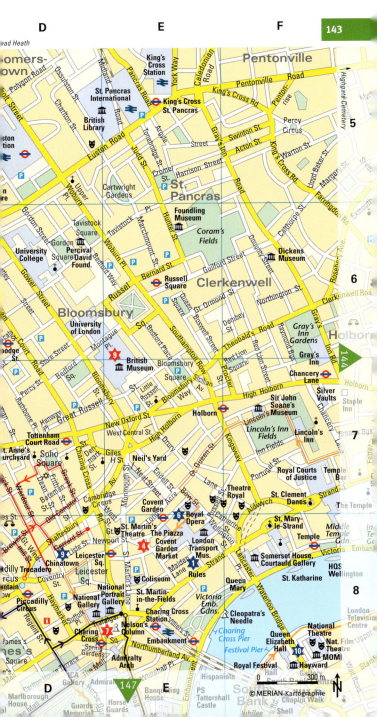

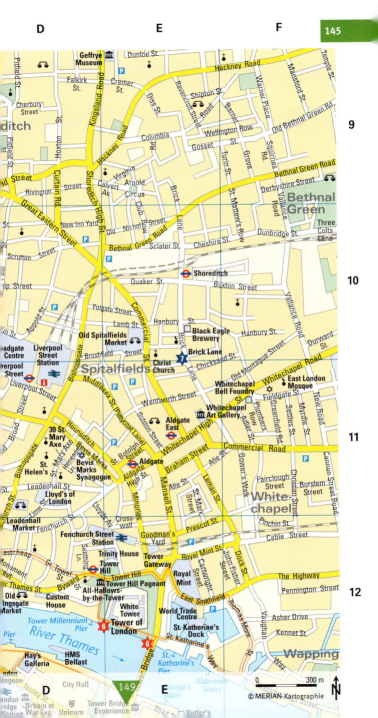

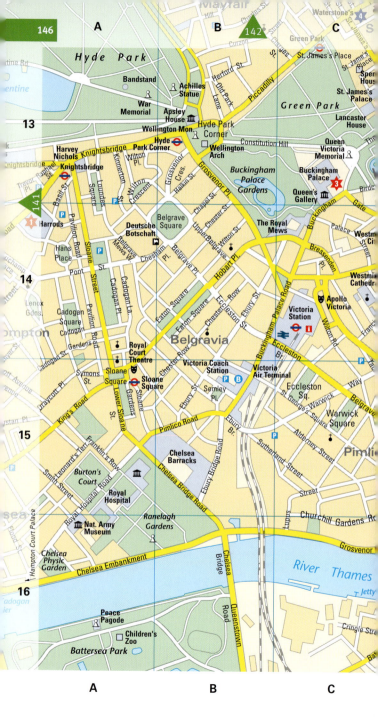

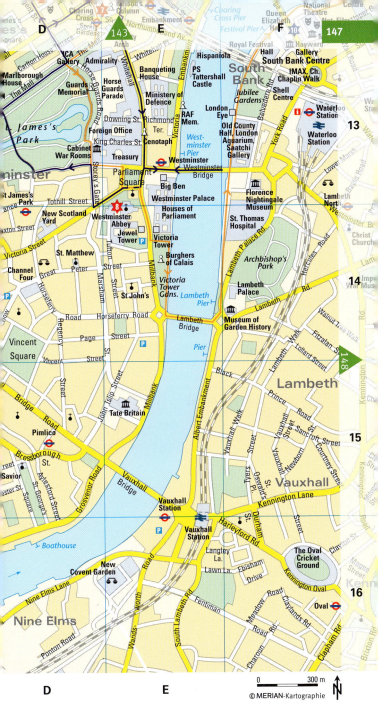

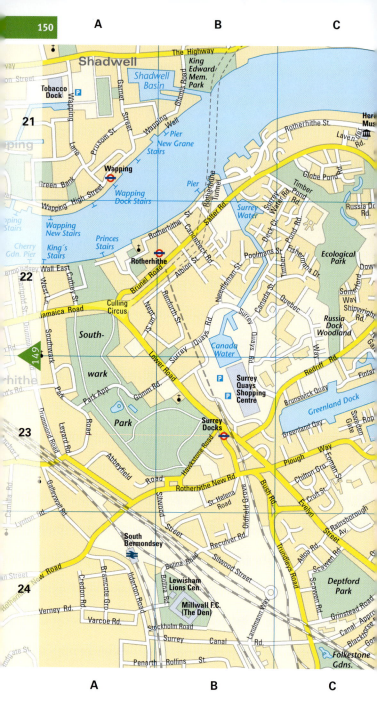

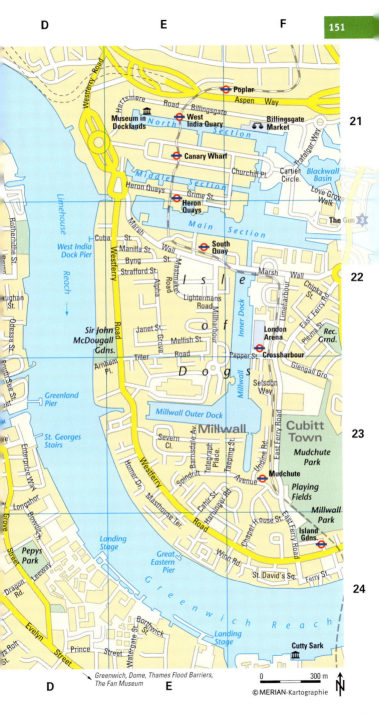

Kartenregister

Abbey St. 149, E18
Abbeyfield Road 150, A23
Abingdon Villas 140, A4
Acton St. 143, F5
Albany Rd. 148, C20
Albany St. 142, B5
Albermarle St. 142, C8
Albert Embankment 147, E15
Albinger Gro. 151, D24
Albion St. 150, B22
Alderney St. 146, C15
Aldersgate St. 144, B10
Aldgate 145, E11
Aldwych 143, F8
Alloa Rd. 150, C24
Allsop Pl. 142, A6
Alpha Grove 151, E22
Amwell St. 144, A9
Appold St. 145, D10
Apstan Way 150, C21
Arnhem Pl. 151, E23
Arnold Circus 145, E9
Asher Drive 145, F12
Aspen Way 151, F21

Baker St. 142, A6
Bargehouse St. 144, A12
Barnet Grove 145, F9
Barnsdale Av. 151, E23
Bateman St. 143, D7
Bath St. 144, C9
Battersea Park Rd. 146, C16
Baylis Rd. 148, A17
Bayswater Rd. 140, A2
Bayswater Place 150, C21
Beaufort Gardens 141, D4
Bedford Sq. 143, D7
Beech St. 144, B10
Belgrave Pl. 141, F4
Belgrave Rd. 146, C15
Belgrave Sq. 141, F4
Belvedere Rd. 147, F13
Berkeley Sq. 141, F2
Bermondsey Sq. 149, D18
Bermondsey St. 149, D17
Bermondsey Wall East 149, F17
Bernard St. 143, E6
Berwick St. 143, D7
Bethnal Green Rd. 145, E10
Bethwin Rd. 148, B20
Birdin-Bush Rd. 149, F20
Bishop's Bridge Rd. 140, B1
Bishopsgate 145, D11
Black Prince Rd. 147, F15
Blackfriars Bridge 144, A12
Blackfriars Rd. 144, A12
Blackhorse Rd. 150, C24
Bloomsbury St. 143, D7
Bloomsbury Way 143, E7
Bolina Rd. 150, B24

Borough High St. 148, B18
Borough Rd. 148, B18
Borthwick St. 151, E24
Bow St. 143, E7
Bowditch. 151, D24
Braham St. 145, E11
Bramcote Gro. 150, A24
Brandon St. 148, C19
Bressborough St. 147, D15
Bressenden Pl. 146, C14
Brewer St. 143, D8
Brick Lane 145, E10
Brick Lane 145, E9
Brompton Rd. 141, D4
Brook Drive 148, A18
Brook St. 141, F2
Browning St. 148, B19
Brunel Road 150, A22
Brunswick Qay 150, C23
Bruton St. 142, C8
Bryan Rd. 151, D22
Buckingham Gate 146, C14
Buckingham Palace Rd. 141, F4
Bunhill Row 144, C10
Bush Rd. 150, B23
Buxton St. 145, E10
Byng St. 151, E21
Byng St. 151, E22
Byward St. 145, D12

Cable St. 145, F12
Cadogan Pl. 141, E4
Cadogan Sq. 141, E4
Cahir St. 151, E24
Caledonian Rd. 143, E5
Calthorpe St. 143, F6
Calvert Av. 145, D9
Camberwell New Rd. 148, A20
Camberwell Rd. 148, C20
Cambridge C. 143, D7
Camilla Rd. 149, F19
Canada St. 150, B22
Canal Approach 150, C24
Cannon St. 144, B11
Cannon St. Rd. 145, F11
Canonbeck Rd. 150, B22
Canrobert St. 145, F9
Carlton House Terr. 147, D13
Carnaby St. 142, C7
Carteret Way 150, C23
Cartier Circle. 151, F21
Catesby St. 148, C19
Catherine St. 143, E8
Cathey St. 150, A22
Catlin St. 149, F19
Cavendish Sq. 141, F1
Cecil Court 143, D8
Chancery Lane 143, F7

Chapel House St. 151, F24
Chapel St. 141, D1
Charing Cross Rd. 143, D7
Charlotte St. 142, C6
Charterhouse St. 144, A11
Chatham St. 148, C19
Cheapside 144, C11
Chelsea Bridge 146, B16
Chelsea Bridge Rd. 146, B15
Chelsea Embankment 146, A16
Chepaastow Rd. 140, A1
Chesham Pl. 141, E4
Cheshire St. 145, E10
Chicksand St. 145, E11
Childers Street 150, C24
Chilton Gro. 150, C23
Chipka St. 151, F22
Chiswell St. 144, C10
Churchill Gardens Rd. 146, C16
Churchill Pl. 151, F21
City Rd. 144, B9
Clarges St. 141, F2
Clarges St. 142, B8
Clerk. Green 144, A10
Clerkenwell Rd. 143, F6
Cleveland St. 142, C6
Cleveland Terr. 140, B1
Club Row 145, E10
Columbia Rd. 145, E9
Commercial Rd. 145, F11
Commercial St. 145, E10
Compton St. 144, B10
Conduit St. 142, C8
Constitution Hill 141, F3
Cook's Rd. 148, B20
Cork St. 142, C8
Cornhill St. 144, C11
Coventry St. 143, D8
Crampton St. 148, B19
Craven Hill 140, B2
Craven Rd. 140, C1
Credon Rd. 150, A24
Cremer St. 145, E9
Croft St. 150, C23
Cromer St. 143, E5
Cromwell Rd. 140, A4
Cropley St. 144, C9
Cuba St. 151, F22
Culling Circus 150, A22
Cumberland Gate 141, E2
Curtain Rd. 145, D9
Curzon St. 141, F3

Daniel Gardens 149, E20
Davies St. 141, F1
De Laune St. 148, A20
Dean St. 143, D7
Deck Cl. 150, B22
Denmark St. 143, D7
Deptford Grn. 151, E24
Dering St. 141, F1

Kartenregister 153

Deverell St. 148, C18
Diss St. 145, E9
Dock St. 145, F12
Doddington Gr. 148, A20
Down-Town Rd. 150, C22
Downing St. 147, E13
Dragon Rd. 151, D24
Draycott Pl. 146, A15
Druid St. 149, E17
Drummond Rd. 149, F18
Drury Lane 143, E7
Duke St. Hill 144, C12
Dunbridge St. 145, F10
Dunloe St. 145, E9
Dunnage Cr. 151, D23
Dunton Rd. 149, E19
Durham St. 147, F16

Earl's Court Rd. 140, A4
East Ferry Rd. 151, F22
East Rd. 144, C9
East Smithfield 145, E12
East St. 148, C19
Eastbourne Terr. 140, B1
Eastcastle St. 142, C7
Eastcheap 145, D12
Eaton Sq. 141, F4
Ebury Br. 146, B15
Ebury Bridge Rd. 146, B15
Ebury St. 141, F4
Eccleston Br. 141, F4
Eccleston Br. 146, B14
Eccleston Sq. 146, C15
Eccleston St. 141, F4
Edgware Rd. 141, D1
Edward Pl. 151, D24
Edward St. 151, D24
Egerton Terrace 141, D4
Elgar St. 150, C22
Endell St. 143, E7
Enterprize Way 151, D22
Eoman St. 150, C23
Etta St. 150, C24
Etta St. 150, C24
Euston Rd. 142, C6
Evelyn Street 150, C23
Eversholt St. 143, D5
Exhibitiotn Rd. 140, C4
Exmouth Mkt. 144, A10

Falkirk St. 145, D9
Farringdon Rd. 143, F5
Farringdon St. 144, A11
Fenchurch St. 145, D12
Fentiman Rd. 147, E16
Ferry St. 151, F24
Fetter Lane 144, A11
Fieldgate St. 145, F11
Finland St. 150, C23
Finsbury Sq. 144, C10
Fishermans Dri. 150, C22
Fitzalan St. 147, F14
Fitzroy Sq. 142, C6
Fleet St. 144, A11
Frith St. 143, D7

Gainsford St. 149, E17
Galleywall Rd. 150, A23
Garnet Street 150, A21
George Row 149, F17
George St. 141, E1
Gerrard St. 143, D8
Gilbert Rd. 148, A19
Glamis Road 150, B21
Glengall Gro. 151, F23
Glengall Rd. 149, E20
Globe Pond Rd. 150, C21
Gloucester Pl. 142, A6
Gloucester Rd. 140, B4
Gloucester Sq. 140, C1
Gloucester Terr. 140, B1
Gomm Rd. 150, A23
Goodge St. 142, C7
Gosset St. 145, E9
Gosterwood St. 150, C24
Goswell Rd. 144, A9
Gower St. 143, D6
Gracechurch St. 145, D12
Grande Walk 150, D18
Grange Rd. 149, E18
Gray's Inn Rd. 143, E5
Great Dover St. 148, C18
Great Eastern St. 145, D10
Great Portland St. 142, C6
Great Russell St. 143, D7
Greek St. 143, D7
Green Bank 150, A21
Green Hundred Rd. 149, F20
Greenfield Rd. 145, F11
Greenland Quay 150, C23
Gresham St. 144, B11
Grinstead Rd. 150, C23
Grinstead Road 150, C24
Grosvenor Cres. 141, F3
Grosvenor Pl. 141, F3
Grosvenor Rd. 146, C16
Grosvenor Sq. 141, F2
Grosvenor St. 141, F2
Grove Street 151, D24
Gt. Marlborough St. 142, C7
Gt. Newport St. 143, E8
Gt. Queen St. 143, E7
Gt. Tower St. 145, D12
Guilford St. 143, E6

Hackney Rd. 145, D9
Hampstead Rd. 142, C5
Hanbury St. 145, E10
Hanover Sq. 142, C7
Hans Place 141, E4
Harbinger Rd. 151, E24
Harleyford Rd. 147, F16
Harper Rd. 148, C18
Harrington Rd. 140, C4
Harrow Rd. 140, B1
Hatton Garden 144, A10
Hawkstone Road 150, B23
Haymarket Sq. 143, D8
Heddon St. 142, C8
Hereford Rd. 140, A1

Heron Qay 151, E21
Heygate St. 148, B19
High Holborn 143, E7
Hillingdon St. 148, B20
Hobart Pl. 141, F4
Holborn 144, A11
Holborn Circus 144, A11
Holborn Viaduct 144, A11
Holland St. 140, A3
Homer Dr. 151, E23
Horseferry Rd. 147, D14
Houndsditch 145, D11
Hoxton St. 145, D9
Hunter St. 143, E6
Hyde Park Corner 141, F3

Ilderton Rd. 150, A23
Ilderton Road 150, A24
Inner Circle 142, A5
Inverness Terr. 140, B2

Jamaica Rd. 149, E17
Jamaica Road 150, A22
Janet St. 151, E22
Jermyn St. 142, C8
John Islip St. 147, D15
John Ruskin St. 148, B20
Judd St. 143, E5
Juno Way 150, B24

Kennings Way 148, A19
Kennington Lane 147, F16
Kennington Oval 147, F16
Kennington Park Place 148, A20
Kennington Park Rd. 148, A20
Kennington Rd. 148, A19
Kensington Church St. 140, A3
Kensington Gore 140, B3
Kensington High St. 140, A4
Kensington Palace Gs. 140, A2
Kensington Rd. 140, B3
King Charles St. 147, E13
King's Cross Rd. 143, E5
King's Rd. 146, A15
Kinglake St. 149, D19
Kingsland Rd. 145, D9
Kingsway 143, F7
Knightsbridge 141, E3

Lambeth Bridge 147, E14
Lambeth Palace Rd. 147, F14
Lambeth Rd. 147, F14
Lambeth Walk 147, F15
Lancaster Gate 140, B2
Lancaster Pl. 143, F8
Landmann Way 150, B24
Larcom St. 148, B19
Lavender Rd. 150, C21
Leadenhall St. 145, D11
Leeway 151, D23

Leicester Sq. 143, D8
Leman St. 145, E11
Lenox Gdns. 141, D4
Leonard St. 144, C10
Lever St. 144, B9
Lexham Gardens 140, A4
Leyard Rd. 150, A23
Lightermans Road 151, E22
Lime St. 145, D12
Limeharbour 151, F22
Lincoln's Inn Fields 143, F7
Lisle St. 143, D8
Lit. Russell St. 143, E7
Lombard St. 144, C11
London Bridge 144, C12
London Rd. 148, A18
London Wall 144, B11
Long Acre 143, E8
Long Lane 144, B11
Long Lane 148, C17
Longshore 151, D23
Lorrimore Rd. 148, B20
Love Grove Walk 151, F21
Lower Road 150, A22
Lower Sloane St. 146, A15
Lower Thames St. 145, D12
Lupus St. 146, C15
Lynton Rd. 149, E19

Manchester Road 151, F22
Mandela Way 149, D19
Manilla St. 151, E22
Manor Place 148, B19
Mansell St. 145, E11
Mansford St. 145, F9
Margery St. 143, F5
Marsh Wall 151, E22
Marshalsea Rd. 148, B17
Marsham St. 147, D14
Marylebone High St. 142, B6
Marylebone Rd. 140, C1
Masthouse Ter. 151, E24
Mastmaker Road 151, E22
Mellish St. 151, E22
Mercury Way 150, B24
Middlesex St. (Pettycoat Lane) 145, D11
Mill St. 149, E17
Millbank 147, E14
Millharbour 151, E22
Mina Rd. 149, D19
Minories 145, E11
Monmouth St. 143, E7
Monnow Rd. 149, F19
Montague Pl. 143, D6
Monument St. 145, D12
Moorgate 144, C11
Mortimer St. 142, C7
Moscow Rd. 140, A2
Mount St. 141, F2
Murrey Grove 144, C9
Myrdle St. 145, F11
N. Fetter Ln. 144, A11

Neal St. 143, E7
Neate St. 149, D20
Needleman St. 150, B22
Neptun St. 150, A22
New Bond St. 141, F1
New Br. St. 144, A11
New Cavendish St. 141, F1
New Change 144, B11
New Kent Rd. 148, B18
New North Rd. 145, D9
New Oxford St. 143, E7
New Rd. 145, F11
Newgate St. 144, B11
Newington Butts 148, B19
Nine Elms Lane 147, D16
Norman Rd. 151, F24
North Gower St. 142, C5
Northumberland Av. 143, E8
Norway Gate 150, C22

Oakley Sq. 142, C5
Odessa St. 151, D22
Old Bethnal Green Rd. 145, F9
Old Bond St. 142, C8
Old BRd. St. 145, D11
Old Burlington St. 142, C8
Old Compton St. 143, D8
Old Jamaica Rd. 149, E18
Old Kent Rd. 149, D18
Old Montague St. 145, E11
Old Park Lane 141, F3
Old St. 144, B10
Oldfield Grove 150, B24
Ormside Street 150, A24
Ossulston St. 143, D5
Outer Circle 142, A5
Oxestall's Rd. 150, C24
Oxford St. 141, E1

Paddington St. 142, A6
Page St. 147, D14
Pages Walk 149, D18
Palace Gardens Terr. 140, A2
Palace Gate 140, B3
Pall Mall 147, D13
Pancras Rd. 143, E5
Park App. 150, A23
Park Cres 142, B6
Park Lane 141, E2
Park Rd. 142, A6
Park St. 144, C12
Parliament Sq. 147, E13
Paul St. 145, D10
Pavilion Rd. 141, E4
Peckham Park Rd. 149, F20
Pelham St. 140, C4
Pennington St. 145, F12
Penton Place 148, B19
Pentonrise 143, F5
Pentonville Rd. 143, F5
Pepper St. 151, F22
Percival St. 144, A10

Percy Circus 143, F5
Piccadilly 141, F3
Pimlico Rd. 146, B15
Pitfield St. 145, D9
Plevna St. 151, F22
Plough Way 150, C23
Poland St. 142, C7
Pont St. 141, E4
Poolmans St. 150, B22
Porchester Rd. 140, A1
Portland Place 142, B6
Portland Rd. 148, C19
Portman Sq. 141, E1
Praed St. 140, C1
Prescot St. 145, E12
Prince Consort Rd. 140, C4
Prince St. 151, D24
Prince Street 151, D24
Procter St. 143, F7
Prusom St. 150, A21

Quaker St. 145, E10
Quebec Way 150, C22
Queen Elizabeth St. 149, E17
Queen St. 144, C12
Queens Gate 140, B4
Queenstown Rd. 146, B16
Queensway 140, A2

Rainsborough Av. 150, C24
Reculver Rd. 150, B24
Redriff Rd. 150, C23
Regency St. 147, D14
Regent St. 142, C8
Regent St. 143, D8
Renforth St. 150, B22
Reverdy Rd. 149, E19
Road Billingsgate 151, E21
Rodney Rd. 148, C19
Rolls Rd. 149, E19
Rope Street 150, C23
Rose St. 143, E8
Rosebery Ave. 143, F6
Rotherhithe New Rd. 149, F19
Rotherhithe St. 150, A22
Rotherhithe Tunnel 150, B21
Roupell St. 148, A17
Royal Hospital Rd. 146, A15
Royal Mint St. 145, E12
Russel Sq. 143, E6
Russell St. 143, F7
Russia Dock Rd. 150, C22
S. Molton St. 141, F1

Sale Pl. 141, D1
Salter Rd. 150, B22
Sancroft St. 147, F15
Sarrey Sq. 149, D19
Savile Row 142, C8
Scawen Rd. 150, C24
Sclater St. 145, E10

Kartenregister 155

Scott Lidgett Crescent 149, F17
Selsdon Way 151, F23
Semley Pl. 146, B15
Serpentine Rd. 141, D3
Severn Cl. 151, E22
Severn Cl. 151, E23
Seymour Pl. 141, D1
Seymour St. 141, E1
Shad Thames 149, E17
Shaftesbury Av. 143, D8
Shepherdess Walk 144, C9
Shipwright Rd. 150, C22
Shoe Lane 144, A11
Shoreditch High St. 145, D9
Silk St. 144, C10
Silwood Street 150, A23
Simms Rd. 149, F19
Skinner St. 144, A9
Sloane Gardens 146, A15
Sloane Sq. 146, A15
Sloane St. 141, E4
Smith St. 146, A15
Snowsfields 148, C17
Soho Sq. 143, D7
Somerford Way 150, C22
South Lambeth Rd. 147, E16
South See St. 151, D23
Southampton Row 143, E6
Southampton Way 148, C20
Southwark Br. 148, B17
Southwark Bridge 144, C12
Southwark Bridge Rd. 148, B18
Southwark Park Rd. 149, E18
Southwark Park Road 150, A22
Southwark St. 144, B12
Spa Rd. 149, E18
Spindrift Avenue 151, E23
Spring St. 140, C1
Squirries Rd. 145, F9
St. Christopher's Pl. 141, E1
St. George's Circus 148, A18
St. George's Rd. 148, A18
St. George's Way 149, D20
St. Giles H. St. 143, D7
St. Helena Road 150, B23
St. James's Rd. 149, F18
St. James's Sq. 143, D8
St. James's St. 142, C8
St. John St. 144, A9
St. Katharine's Way 145, E12
St. Martin's Ln. 143, E8
St. Thomas St. 148, C17
Stamford St. 144, A12
Stanford Rd. 140, B4
Stanhope St. 142, C5
Stannary St. 148, A20
Stockholm Road 150, A24
Strafford St. 151, E22

Sumner St. 144, B12
Sun St. 145, D10
Surrey Canal Rd. 150, B24
Surrey Quays Rd. 150, B22
Surrey Water Rd. 150, B22
Sussex Gardens 140, C1
Sutherland St. 146, B15
Sweden Gate 150, C23
Swinton St. 143, F5
Symons St. 146, A15

Tabard St. 148, C18
Taeping St. 151, F23
Tavistock Pl. 143, E6
Tavistock Sq. 143, D6
Telegraph Place 151, E23
Thayer St. 141, F1
The Cut 148, A17
The Highway 145, F12
The Mall 146, C13
Theobald's Rd. 143, F6
Thomas More St. 145, F12
Threadneedle 144, C11
Three Colts Lane 145, F10
Thurloe Pl. 140, C4
Thurlow St. 149, D19
Tiller Road 151, E22
Timber Pond Rd. 150, C21
Tooley St. 149, D17
Tottenham Court Rd. 143, D6
Tower Bridge 145, E12
Tower Bridge Rd. 149, D17
Tower Hill 145, E12
Trafalgar Ave. 149, E20
Trafalgar Strand 143, D8
Tranton Rd. 149, F18
Trinity St. 148, C17
Trundleys Road 150, C24
Trundleys Rolt St. 151, D24
Turin St. 145, F9
Tyers St. 147, F15

Undine Rd. 151, F23
Union St. 148, A17
Up. Brook St. 141, E2
Upper Grosvenor St. 141, E2
Upper Ground 144, A12
Upper Thames St. 144, B12
Upper Woburn Pl. 143, D5

Vallance Rd. 145, F10
Varcoe Rd. 150, A24
Vaughan St. 151, D22
Vaughan Way 145, F12
Vauxhall Bridge 147, E15
Vauxhall Bridge Rd. 146, C14
Vauxhall Walk 147, F15
Verney Rd. 149, F19
Verney Rd. 150, A24
Victoria Embankm. 147, E13
Victoria Rd. 140, B4
Victoria St. 147, D14

Vincent Sq. 147, D14
W. Smithfield 144, A11

Walton St. 141, D4
Walworth Rd. 148, B19
Wandsworth Rd. 147, E16
Wapping High St. 149, F17
Wapping Lane 150, A21
Wapping Wall 150, A21
Wardour St. 143, D7
Warner Place 145, F9
Warwick Sq. 146, C15
Warwick Way 146, C15
Watergate St. 151, E24
Waterloo Bridge 143, F8
Waterloo Rd. 148, A17
Webber St. 148, A17
Wellington St. 143, E8
Wells Way 149, D20
West Central St. 143, E7
West Ln. 150, A21
West Ln. 150, A22
West St. 143, D7
Westbourne Br. 140, B1
Westbourne Grove 140, A1
Westbourne Park Rd. 140, A1
Westbourne Park Villas 140, A1
Westbourne Terrace 140, B1
Westferry Rd. 151, E21
Westferry Road 151, D21
Westminster Bridge 147, E13
Westminster Bridge Rd. 147, F14
Weston St. 149, D17
Westway 140, A1
Weymouth St. 142, B6
Wharf Rd. 144, B9
Whitechapel High St. 145, E11
Whitechapel Rd. 145, F11
Whitecross St. 144, C10
Whitehall 147, E13
Whitehall Place 147, E13
Wigmore St. 141, F1
Willow Walk 149, D18
Willowbrook Rd. 149, E20
Wilton Rd. 146, C14
Wimpole St. 142, B6
Windlass Pl. 150, C24
Winn Rd. 151, E24
Woburn Pl. 143, E6
Worship St. 145, D10

Yalding Rd. 149, E18
York Rd. 147, F13
York St. 142, A6
York Way 143, E5

Orts- und Sachregister

Wird ein Begriff mehrfach aufgeführt, verweist die **fett** gedruckte Zahl auf die Hauptnennung, eine *kursive* Zahl auf ein Foto.
Abkürzungen:
Hotel [H]
Restaurant [R]

Abbey Garden 110
Abbey Museum 110
Academy, The [H] 16
Acorn House [R] 33
Admiralty 109
Admiralty Arch **67**, 110, 114
Albert Memorial 67
Alexander Fleming Laboratory Museum 97
All-Hallows-by-the-Tower 115
Am Abend 48
Anchor, The [R] 114
Anreise 132
Antiquitäten 37
Apex City of London Hotel [H] 33
Apotheken 135
Apsley House 67
Ashmolean Museum [Oxford] 118
Aster House [H] 16
Aubaine [R] 24
Ausflüge 118, 120
Auskunft 133
Auto 132, 137

Bahn 132, 138
Ballett 49
Bank of England 115
Banqueting House **67**, 108
Barbican Hall 52
Barbour 43
Bars 49
Battersea Park Zoo 61
Bentley's [R] 22
Bevis Marks Restaurant [R] 27

Bevis Marks Synagogue 68
Bevölkerung 124
Bibendum [R] 25
Big Ben 108, 110
Blakes Hotel [H] 14
Bleeding Heart [R] 24
Blenheim Palace 118
Blue Elephant [R] 28
Bluebird [R] 22
Bombay Brasserie [R] 24
Borough Market [MERIAN-Tipp] *9*, *42*, 43
Botanist, The [R] 25
Brick Lane [MERIAN-Tipp] 68
British Library 68
British Museum *7*, *96*, 97
Brixton Academy 53
Bücher 38
Buchtipps 133
Buckingham Palace [MERIAN-TopTen] 69
Burberry 43
Burghers of Calais [Rodin] 114
Bus 132, 137

Cabinet War Rooms 98, *99*
Café Below [R] 23
Cafés 28
Canary Wharf 69
Carlton House Terrace 110
Carnaby Street 112, *113*
Carpenters Arms, The [R, Windsor] 120

Chapter House 110
Chelsea 69
Chelsea Flower Show 57, *59*
Chelsea Physic Garden 70
Chesterfield, The [H] 16
Chinatown [MERIAN-Tipp] *8*, **87**, 112, *112*
China Tang at the Dorchester [R] 21
Chiswick House 70
Chutney Mary [R] 25
City Hall **70**, *71*, 115
City of London, The 70
Clarence House **71**, 110
Cleopatra's Needle 72
Clerkenwell 72
Cocktailbars 31
County Hall 110
County Hall Premier Inn [H] 17
Courtauld Gallery, The 98
Covent Garden Hotel [H] 14
Covent Garden Market [The Piazza, MERIAN-TopTen] *72*, 73
Cranley, The [H] 16
Cutty Sark 73

Daylesford Cafe [R] 34
Denkmal Königin Victorias 110
Design Museum 98
Dickens Museum 99
Diplomatische Vertretungen 133
Diskotheken 50
DLR 138
Dog & Duck [R] **30**, 112
Downing Street **73**, 109
Duke of Cambridge [R] 34

Orts- und Sachregister   157

Duke of York Monument 110
Dukes [H] 14, *15*

easyHotel.com [H] 19
Einkaufen 36
Eleven Cadogen Gardens [H] 14
Eros Fountain *73*
Essen 20
Events 56

Familientipps 60
Fan Museum, The *99*
Feathers, The [R, Woodstock] 118
Feiertage 134
Feste 56
Fifteen [MERIAN-Tipp] *8, 20*, 24
Fifth Floor at Harvey Nichols [R] 25
Fleet Street **74**, 115
Flughafen 132
Flugzeug 132
Food For Thought [R] 28
Fortnum & Mason [R] 28
Fortnum & Mason 40, *41*

Galerien 105
Gate, The [R] 28
Gay Hussar [R] 28
Geffrye Museum 100
Geld 134
Geografie 124
Geschenke 39
Geschichte 126
Giraffe 61
Glasshouse, The [R] 24
Golden Lion [R] 108
Gore, The [H] 16
Grand Union Canal [Little Venice] 74
Gray's Inn 74
Griffin Statue 74
Grosvenor Square 75

grüner reisen 32
Guildhall 75
Gun, The [MERIAN-Tipp] 30

Hakkasan [R] 22
Hammersmith Apollo 53
Hampstead Heath [mit Parliament Hill] 75
Hampstead Theatre 54
Hampton Court Palace *75*, 76
Handel House Museum 100
Harrods [MERIAN-TopTen] *7, 36*, 40, 41
Harry Potter Walk 61, **116**
Harvey Nichols 40
Haymarket Hotel [H] 14
High Tea im Palast [MERIAN-Tipp] *8, 79, 124*
Highgate Cemetery 77
HMS Belfast 115
Holland Park 77
Horse Guards 109
Horse Guards Parade 77
Household Cavalry 109
Houses of Parliament 110
Hyde Park 77, *86*
Hyde Park Riding Stables 61

Imperial War Museum 101
Internetadressen 134

Jamie Oliver *8, 20*
Jazz 50
Jewish Museum Camden 101
Jimmy Choo *44*, 45
Johnny Depp *83*
Jubilee Gardens 115

Kaufhäuser 40
Keats House 78
Ken Lo's Memories of China [R] 22
Kensington Gardens 77
Kensington Palace 78
Kenwood House 78
Keramik 45
Kevin Spacey *55*
Kew Gardens 79, *80*
Kinder 41
King's Road *76*, 79
Kinos 51
Klassik 52
Klimatabelle 136
Königin Elizabeth II. 4
Krankenhaus 135
Krankenversicherung 134
Kulinarisches Lexikon 130

La Famiglia [R] 26
Lage 124
Lambeth Palace 114
Langham Court Hotel [H] 17
Lapdancing 54
Lebensmittel 41
Leighton House 79
Leihfahrräder 138
Liberty *39*, 40
Lincoln House Hotel [H] 18
Lincoln's Inn **80**, 115
Lloyd's of London 80
London Aquarium *60*, **61**, 110
London Bridge 81
London Coliseum 52, *52*
London Dungeon, The **81**, 115
London Eye *2*, **81**, 110, *114*
London House Hotel [H] 19
London Marathon 57
London Mosque 81

158 REGISTER

London Silver Vaults, The 81
London Transport Museum **61**, 101
London Wetland Centre **35**, 63

Madame Tussaud's **62**, 82, *83*
Maggie and Tom 34
Mall, The **82**, 114
Mandarin Oriental Hyde Park [H] *12*, 14
Mansion House 115
Manze's Pie and Mash [R] 23
Marble Arch 82
Märkte 42
Marlborough House 110
Marx Memorial Library 73
Medizinische Versorgung 134
Millennium Bridge *64/65*, 82
Mode 43, 46
Momo [R] 27
Monument, The 83
Museen 97
Museum & Library of the Order of St. John 72
Museum in Docklands 101
Museum of London 101
Musicals 51

Nachtclubs 53
National Gallery 101, *106/107*
National Maritime Museum 102
National Portrait Gallery 102
National Theatre **54**, 110, 115
Natural History Museum *100*, 102

Neal's Yard Remedies 34
Nebenkosten 135
Nelson's Column 83
Neues Leben an der South Bank [MERIAN-Tipp] **104**, *114*, 115
Nobu [R] *23*, 26
Notruf 135
Notting Hill Carnival *56*, 58

O2 Arena, The 53
Old Bailey 83
Old Vic Theatre 54, *55*
One Aldwych [H] 33, *35*
Organic Pharmacy, The 34
OXO Tower *27*, 84
OXO Tower Brasserie [R] 26, *27*

Park Plaza Sherlock Holmes [H] 17
Parken 137
Parliament Square 84
Pelham, The [H] 15
Piccadilly Circus **84**, *85*, 112
Planet Hollywood [R] 21
Politik 125
Pollock's Toy Museum 62
Pop 53
Portobello Hotel [H] 17
Portobello Market [MERIAN-TopTen] 42
Porzellan 45
Post 135
Princess Diana Abenteuerspielplatz 62, *63*
Privatunterkünfte 19
Prospect of Whitby [R] **31**, 116, *117*
Pubs 30

Queen's Guard *6, 66*

Quod Brasserie [R, Old Bank Hotel, Oxford] 118

Raceway Docklands, The 62
Rafayel on the Left Bank [H] 33
Rainforest Cafe, The [R] 34, **62**
Rauchen 135
Regent Street 84
Regent's Park 84
Regent's Park Open Air Theatre 54
Reisedokumente 135
Reiseknigge 135
Reisewetter 136
Reiterstatue Charles I. 108
Reiterstatue von Richard Löwenherz 110
Religion 125
Richmond Great Park 85
Ritz, The [H] 15
Rock & Sole Plaice [R] 23
Rock 53
Roman Amphitheatre 85
Royal Academy of Arts 103
Royal Albert Hall 52
Royal Ascot 58
Royal Courts of Justice 85
Royal Festival Hall 110, *114*, 115
Royal Horseguards, The [H] 17
Royal Opera House [MERIAN-Tipp] *50*, 51
Rules [MERIAN-Tipp] 22

Salisbury, The *29*, 31
Schmuck 45
Schuhe 45

Orts- und Sachregister 159

Science Museum 103
Selfridges 40
Shakespeare's Globe 55, **85**, 115
Silver Jubilee Walkway 1977 114
Simpson's in-the-Strand [R] 22
Smithfield 86
Soho **87**, 112
Somerset House 87
Southbank Centre 52
Southwark Bridge 115
Southwark Cathedral 115
Spaziergänge 108, 112, 114, 116
Speaker's Corner *86*, 88
Sprache 125
Sprachführer 128
St. Bride's Church **88**, 115
St. Helen's 88
St. James's Palace 88
St. James's Park **88**, 110, *111*, 114
St. Katherine's Dock 115
St. Martin's 55
St. Martin's Lane Hotel [H] 15
St. Martin-in-the-Fields 89
St. Mary-le-Bow 89
St. Pancras International 89
St. Paul's Cathedral [MERIAN-TopTen] *64/65*, **89**, 115, *122/123*
Stadtrundfahrt 136
Standbild der Königin Boadicea 110
Staple Inn 90
Stella McCartney 44
Stock Exchange 115
Stripclubs 54
Strom 136

Tate Britain 104

Tate Modern [MERIAN-TopTen] *103*, **104**, 115
Taxis 138
Teestuben 28
Telefon 136
Temple of Mithras 90
Temple, The **90**, 115
Terra Plana 35
Thames 90
Thames Barrier, The 91
Thames RIB Experience 63
Theater 54
Theatre Royal Haymarket 55
Thematische Spaziergänge 116
Tiere 136
Tower Bridge [MERIAN-TopTen] *7*, *10/11*, **91**, *91*, 115
Tower of London [MERIAN-TopTen] **92**, 115
Trafalgar Square [MERIAN-TopTen] **92**, *106/107*, 108, 111, 114
Trafalgar, The [H] 16
Travelodge Covent Garden [H] 19
Trinken 20
Trinkgeld 136
Tunnel 132
Turf Tavern [R, Oxford] 118

U-Bahn 138
Übernachten 12
Unicorn Theatre for Children 63

Verkehr 137
Verkehrsregeln 137
Verwaltung 125
Victoria & Albert Museum 104
Victoria Tower Gardens 114

Vivienne Westwood 45

Wallace Collection 104
Wäsche 45
Waterstone's [MERIAN-Tipp] 38
Wegzeiten 69
Weinbars 31
Wembley Arena + Stadium 53
West End *48*
Westminster Abbey [MERIAN-TopTen] 93, 108, *108*
Westminster Bridge 94
Westminster Palace [Houses of Parliament] 94, *94*
Westminster Roman Catholic Cathedral 95
Whitehall 108
Whitehall Palace 108
Wigmore Hall 53
Windermere Hotel [H] 18
Windsor 120
Windsor Castle Hotel [R, Windsor] 120
Windsor Castle 120, *120*
Wirtschaft 125
Wolseley, The [R] 25
Woodstock 118

Zandra Rhodes 46, *46*
Zeitschriften 45
Zeitungen 45
Zeitverschiebung 138
Zetter, The [H] **17**, *18*, 33
Zilli Fish [R] 26
Zoll 138
Zoological Gardens [London Zoo] 95
Zug 138
Zuma [R] 26

IMPRESSUM

Liebe Leserinnen und Leser,
vielen Dank, dass Sie sich für einen Titel aus unserer Reihe MERIAN live! entschieden haben. Wir freuen uns, Ihre Meinung zu diesem Reiseführer zu erfahren. Bitte schreiben Sie uns an merian-live@travel-house-media.de, wenn Sie Berichtigungen und Ergänzungen haben – und natürlich auch, wenn Ihnen etwas ganz besonders gefällt.

Alle Angaben in diesem Reiseführer sind gewissenhaft geprüft. Preise, Öffnungszeiten usw. können sich aber schnell ändern. Für eventuelle Fehler übernimmt der Verlag keine Haftung.

© **2012 TRAVEL HOUSE MEDIA GmbH, München**

MERIAN ist eine eingetragene Marke der GANSKE VERLAGSGRUPPE.

3. Auflage

Alle Rechte vorbehalten. Nachdruck, auch auszugsweise, sowie die Verbreitung durch Film, Funk, Fernsehen und Internet, durch fotomechanische Wiedergabe, Tonträger und Datenverarbeitungssysteme jeglicher Art nur mit schriftlicher Genehmigung des Verlages.

BEI INTERESSE AN DIGITALEN DATEN AUS DER MERIAN-KARTOGRAPHIE:
kartographie@travel-house-media.de

BEI INTERESSE AN ANZEIGENSCHALTUNG:
KV Kommunalverlag GmbH & Co KG
MediaCenterMünchen
Tel. 0 89/92 80 96 44
steuler@kommunal-verlag.de

TRAVEL HOUSE MEDIA
Postfach 86 03 66
81630 München
merian-live@travel-house-media.de
www.merian.de

PROGRAMMLEITUNG
Dr. Stefan Rieß
REDAKTION
Simone Duling, Anne-Katrin Scheiter
LEKTORAT
Kerstin Seydel-Franz
BILDREDAKTION
Lisa Grau
SCHLUSSREDAKTION
Ulla Thomsen
SATZ/TECHNISCHE PRODUKTION
Nadine Thiel | kreativsatz
REIHENGESTALTUNG
Independent Medien Design,
Elke Irnstetter, Mathias Frisch
KARTEN
Gecko-Publishing GmbH
für MERIAN-Kartographie
DRUCK UND BUCHBINDERISCHE VERARBEITUNG
Stürtz Mediendienstleistungen, Würzburg

Ein Unternehmen der
GANSKE VERLAGSGRUPPE

BILDNACHWEIS
Titelbild (Big Ben), Bildagentur Huber: S. Scattolin
Alamy: Banana Pancake 120, D. Burke 60, David Noble Photography 10/11, Le Figaro Magazine 76, K. Foy 113, B. Lewis 64/65, D. Phillips 63, LifeStyle 39, R. McLean 50, G. Mura-tore 114, Travel shots.com 36, Vario Images 2 • Anzenberger: Horst A. Friedrichs 27 • Arco Images: Camera botanica 32, R. Kiedrowski 100 • Avenue Images: D. Ball 96 • Bildagentur Huber: P. Arcangelo 72, R. Massimo 75, M. Ripani 94 • Bilderberg: Hans- Joachim Ellerbrock 86 • britainonview/Society of London Theatre/P. Libera 52 • dpa Picture-Alliance: epa PA Handout 55, William Conran PA 44, Photoshot 56 • Dukes Hotel 15 • Getty Images: J. S. Blair/NGS 80, O. Scarff 59, F. Shamim/WireImage 83 • laif: N. Calzatti/The NewYorkTimes/Redux 46, C. Heeb 35, 42, 99, A. Hub 23, G. Knechtel 91, I. Jones/Gamma 4, L. Maisant/hemis.fr 18, R. Mattes/hemis.fr 85, S. Roudeix/Le Figaro Magazine 124, M. Sasse 29, 41, 66, 71 • LOOK-foto: E. Fleisher 48, H. & D. Zielske 106/107 • Mandarin Oriental Hyde Park 12 •Mauritius Images/Alamy 117 • Rex Features: R. Buckingham • Schapowalow: SIME 111 • M. Thomas: 122/123 • Visum: S. Reents 103 • E. Wrba 108